AF638732

Kia Vahland

SCHATTENKÜNSTLER

Von Caravaggio bis Velázquez

Mit zahlreichen Abbildungen

Insel Verlag

Insel-Bücherei Nr. 1506

© Insel Verlag Berlin 2021

Inhalt

Die Kunst der Inszenierung

Das Obst fault schon, irgendwo liegt ein Totenschädel herum, die Fußsohlen sind voller festgetretener Erde, die Augen der Heiligen tränennass, vor Ergriffenheit oder vor Trauer. Wohlig zumute ist es Betrachterinnen und Betrachtern eher selten beim Anblick barocker Malerei. Es ist eine wankende Welt, todesgewiss, in steter Veränderung begriffen. Jeder Tanz ist einer auf dem Vulkan, jedes Lachen könnte das letzte sein. Gelebt wird jetzt, bevor es zu spät oder morgen alles anders ist.

Einen Hang zur Melancholie und Überforderung angesichts äußerer Ungewissheiten attestierte der Philosoph Walter Benjamin 1928 dem Barock in seiner Habilitationsschrift, er sah darin eine Verwandtschaft mit der Moderne, die sich ihrer Verhältnisse und Begriffe auch nie sicher sein kann. Sich im 20. oder 21. Jahrhundert auf die Kultur des Barock einzulassen heißt immer auch, sich dem Kontrollverlust auszusetzen.

Die Epoche zwischen 1600 und 1750 fordert Nachgeborene heraus. Entsprechend übel gelaunt wurde sie oft beurteilt. Aus Sicht der Aufklärung galt der Barock als die Zeit, in der das Schöne auf die schiefe Bahn geriet. Das ausgehende 18. Jahrhundert erfand für die Ära dann den italienischen Namen *barocco;* das Wort leitet sich wahrscheinlich ursprünglich von dem lateinischen Wort für Warze, *verruca*, her. Im Spanischen und Portugiesischen bezeichnet der Begriff *barocco* eine schief geformte Perle. Überdreht, bizarr, irrational, durch und durch feudal erschien dieses Zeitalter dem späten 18. Jahrhundert kurz vor der Französischen Revolution: eine Epoche der Wucherungen, die es tunlichst in klassizistischer Klarheit und Schlichtheit hinter sich zu lassen galt.

Das Ressentiment ließ erst nach, als die akademische Kunstgeschichte sich entwickelte. Forscher wie Jacob Burckhardt warfen im mittleren 19. Jahrhundert einen neuen Blick auf die Vergangenheit, sie wollten jede Epoche an ihren eigenen Maßstäben messen. Der Schweizer Kulturhistoriker, zunächst kein Freund des Barock, kam nach langem Nachdenken zu dem Ergebnis: »Die Barockkunst spricht dieselbe Sprache wie die Renaissance, aber einen verwilderten Dialekt davon.«

Bis heute gilt die Renaissance als die gepflegte große Schwester, der Barock als der zügellose und schwer erziehbare jüngere Bruder. Das ausgehende Mittelalter und die Renaissance locken Nachgeborene mit Aufbruchstimmung und dem Traum vom harmonischen Weltganzen, mit Forschergeist, Eleganz, Leselust und weltoffener Religiosität, die selbstbewusst genug ist, auch von fremden Göttern zu lernen. Generationen sehnten sich zurück in die Salons der italienischen Palazzi des 13. bis 16. Jahrhunderts, zu Petrarca und Dante, zu Filippo Brunelleschi, Leonardo da Vinci und Michelangelo, zu Isabella d'Este und Baldassare Castiglione.

Doch das Idealschöne kollidierte schon in der Frühen Neuzeit mit dem Realhässlichen. Auf die Visionen von Fortschritt, Schönheit und Einheit folgten die Zukunftsängste, die Ernüchterung, die Erfahrung sozialer, ökonomischer, religiöser Risse. Spätestens seit dem ausgehenden 16. Jahrhundert schien die Welt eher auseinanderzufallen als zusammenzuwachsen. Eine neue, von Zentralstaaten getragene Weltordnung schälte sich heraus, blieb aber vorerst fragil. Das Wissen weitete sich, Kommunikations- und Handelswege wurden umfassender und schneller, doch auch die gesellschaftlichen Konflikte nahmen zu und gerieten inmitten der europäischen Religionskriege und der erzwungenen Missionierung von Völkern in Übersee immer weltanschaulicher. Der Barock ist keine Sehnsuchtsepoche für Idealisten. Doch womöglich ist dieses turbulente Zeitalter der Gegenwart näher, als den Heutigen lieb sein mag.

Wie jetzt, so wussten auch damals die meisten Menschen nicht, wohin die Reise geht, wie sich ihre Gesellschaften einmal konstituieren könnten und was das für das alltägliche Leben bedeutete. Sie mochten ahnen, dass künftig nicht mehr die Herzogsfamilie, der lokale Kirchenfürst, der Grundbesitzer allein über ihr Auskommen entscheiden würden, sondern dass die Wirtschaft sich dynamisieren, dass globaler Handel und branchenübergreifende Spekulationen Vermögen mehren und zerstören, dass große Königreiche Gewaltmonopole mit nationalstaatlichen Strukturen errichten und Menschen in großen Gruppen aus- und einwandern würden. Vielleicht verfolgten die Zeitgenossen Neuigkeiten aus den Naturwissenschaften, die vermeintliche Kenntnisse in Zweifel zogen und an religiösen Grundlagen rüttelten. Möglicherweise nahmen sie Partei in weltanschaulichen Fragen, bekannten sich zur alten oder zur jungen christlichen Lehre. Ob aber katholisch oder protestantisch, ob loyaler Untertan oder abtrünniger Migrant, ob experimentierfreudig oder beharrlich: Die eigenen Überzeugungen mussten im Barock gut begründet werden, denn man konnte nun alles auch anders sehen. Es galt, mit Vielfalt und Ambiguität leben zu lernen.

Wer mit so grundstürzenden Veränderungen und chronischer Unsicherheit zu tun hat, muss einen Umgang damit finden. Realitäten lassen sich nicht dauerhaft ignorieren. Im Barock waren es vor allem die Künstler und Architekten, die auf den Wandel reagierten, ihm zeitgemäße Ausdrucksformen abrangen, ihn interpretierten. Manchmal war das emotional manipulativ im Sinne kirchlicher und weltlicher Autoritäten, die – auf katholischer Seite seit dem zwischen 1545 und 1563 tagenden Tridentinischen Konzil – nicht mehr nur das große Ganze regeln wollten, sondern sich nun auch in die Gewohnheiten, das Gefühlsleben und die Alltagsüberzeugungen der Gläubigen einmischten.

Die Kunst aber ließ sich nicht zur Manipulationsmaschine degradieren. Darüber, wie Werke wirken, entflammte ein reger ästhetischer Diskurs. Und so bewegte die Kunst sich immer öfter auf der Metaebene: Ja, dieses oder jenes Gesamtkunstwerk will überwältigen, beeindrucken, vereinnahmen. Wer es aber genauer betrachtet, dem offenbart es seine Machart. Die Decke der Kirche öffnet sich nicht zum Himmel, die dort flatternden Engel, mobilen Heiligen, luftigen Wolken sind nur perspektivisch virtuos gemalt. Die Märtyrer sterben nicht auf der Altartafel und wir nicht mit ihnen, auch wenn die Flammen in unsere Richtung züngeln, schmerzverzerrte Gesichter uns erschrecken wollen. Und das Treppenhaus des neuen Palastes erhebt den Menschen nur für einen kleinen Moment zu ungekannter Größe, auch wenn er hier so beschwingt emporsteigen darf wie in keiner alten Burg.

Der Barock kennt atemberaubende Täuschungen; er behauptet permanent, Großes zu offenbaren, nur um dieses anschließend zu dekonstruieren. Immer wieder, vor jeder Brunnenfigur, jedem Torbogen fällt man auf seine Echtheitsversprechen herein, so physisch einnehmend ist diese Kunst und Architektur. Und immer wieder ist man hinterher schlauer – etwa beim Kunstmarmor, dessen Hersteller stolz kundtun, wie sie die Imitation des kostbaren Steins perfektioniert haben.

Das alles erinnert auf den ersten Blick an heutige Inszenierungen – nur dass diese gern ausschließlich auf Täuschung aus sind und auf den enthüllenden Aha-Effekt weniger Wert legen: jene populistischen Politiker etwa, die sich umso authentischer gerieren, je ausgeklügelter ihr PR-Konzept und je eigenwilliger ihre Fakteninterpretation ausfällt. Oder die im Netz zirkulierenden Deepfake-Videos, die Personen Worte in den Mund legen, die sie nie gesagt haben. Wahrheit schwindet in solchen Fällen als Kategorie, allein auf die Wirkung kommt es an. Das war anders im Barock, jedenfalls in seinen künstlerischen Ausdrucksformen. Die Überwältigung, die Rührung, die Verführung des Publikums galten als umso großartiger, je weniger ein Künstler, eine Künstlerin die Rezipienten unterschätzte. Die Kunst mochte ihre Herzen stürmen, ihre Hirne waren auch gefragt. Das Gesamtkunstwerk braucht den Menschen als Gesamtwesen. Eine barocke Kirche ist keine Shopping Mall, die Besucherinnen und Besucher mit Reizen lediglich überschüttet und blendet. Sie zielt auf Erbauung statt nur auf Erschöpfung. Über die Maßlosigkeit und die politischen Intentionen dieser Kunst mag man streiten; Respektlosigkeit vor dem Publikum aber lässt sich ihr nur selten vorwerfen.

Dies mag mit ihrer Entstehungsgeschichte zu tun haben. Von vornherein ging die Kunst des Barock ein Bündnis mit dem Publikum ein. Viele Künstler sahen sich nicht als Vernichter, sondern als legitime Erben und Retter der Renaissancekunst vor dem Manierismus. So schulte der Pionier des barocken Modernisierungsschubs, Michelangelo Merisi, genannt Caravaggio, sein Auge an den Werken Leonardo da Vincis und an den Helldunkel-Effekten der lebensnahen venezianischen Renaissancemalerei von Giorgione und Tizian. In Rom, wohin er um 1592 aus der Lombardei zog, begeisterte er sich auch für Raffael und Michelangelo.

Der 1571 geborene, 1610 gestorbene Maler kopierte etwa Michelangelos Hand des frisch erschaffenen Adam in der Sixtinischen Kapelle – und verlegte dieses Motiv vom Paradies in eine dunkle Wechselstube. Er verabschiedete sich nicht vom alten Humanismus, sondern deutete ihn neu: als Bild des Menschen, der auch dann von Gott und der Malerei geliebt wird, wenn er arm ist, verlogen, lasterhaft und verdreckt. Statt des idealen Lebens zeigt Caravaggio die Schönheit im Realen, Hässlichen, schafft Lichtkegel des Glaubens, die noch in die dunkelste Spelunke dringen. Diese Revolution des Sehens hallt bis heute nach.

Der Haudegen Caravaggio malte dabei nicht einfach ab, was er auf den Straßen Roms erlebte. Er schminkte seine Modelle, staffierte sie aus, hängte nackten Buben graue Engelsflügel um, verkleidete Straßenmädchen als Wahrsagerinnen, steckte Bettlerfiguren in Flickenhosen. Die Früchte auf seinen Stillleben glänzen so feucht, als wären sie frisch für das Atelier gepflückt. Caravaggios demonstrative Liebe zum Irdischen, scheinbar Echten und Wahren ist vor allem eines: unverhohlen inszeniert. Die Betrachter sollen betört werden – und dürfen merken, wie ihnen geschieht.

Über Bilder wurde in der katholischen Kirche zu Caravaggios Zeit gestritten. Mit Clemens VIII. herrschte bis 1605 ein besonders prüder Papst. Gemalte und gemeißelte nackte Haut bot in seinen Augen den Lutheranern unnötige Angriffsfläche. Besorgt zog der Papst durch die Kirchen und verdächtigte selbst Kruzifixe der Obszönität. Das provozierte ästhetische Gegenwehr, den Wunsch nach Klarheit und Enthüllung statt immer weiterer Restriktion.

Die lebensnahe, derbe Frömmigkeit Caravaggios nährte sich aus den Ideen derjenigen Theologen, die sich bemühten, das Image der gierigen, prassenden Kirche zu korrigieren und den einfachen Leuten Vorbilder zu geben, mit denen sie sich identifizieren konnten. Sie begegneten der Herausforderung des Protestantismus mit Volkspädagogik und Bildern, die jeder versteht.

Wie angreifbar der Prunk der Gegenreformation war, merkten bald auch weltliche Herrscher. Beraten von seinem Ersten Minister Graf von Olivares, propagierte der 1621 zum spanischen König berufene Philipp IV. Mäßigung und Verzicht auf Luxus – auch, um den protzenden Adel zu entmachten und die Zentralregierung in Madrid zu stärken.

Gelingen konnte ihm dies mit einem Maler an seiner Seite, der wie vor ihm nur Caravaggio das neue Schlichtheitsideal kultivierte: Diego Velázquez, geboren 1599, gestorben 1660. Seine Laufbahn hatte er in der Handelsstadt Sevilla mit sogenannten Küchenstücken begonnen: erdfarbenen Gemälden von Straßenverkäufern und Köchinnen, die so würdevoll auftreten, als kämen sie aus der Bibel. Am Madrider Hof nun inszenierte er den König als Vorbild christlicher Bescheidenheit, in schwarzer Kleidung, ohne Zepter, Krone und Hermelinpelz. Der Herrscher der neuen Zeit verkörperte Autorität durch Zurückhaltung.

Doch ein willfähriger Dienstleister war Velázquez nicht. In seiner Kunst rebellierte der Maler gegen die Zwänge am Hof und wandte sich den Ungestümen und Unglücklichen zu. Gerade die Narren und Kleinwüchsigen im Palast widersetzen sich auf Velázquez' Bildnissen der Strenge mit einem Lachen oder einem tiefen wissenden Blick. Der Spanier erkannte – wie schon Caravaggio –, welche Kraft vermeintliche Verlierer und Außenseiter verkörpern können. Geprägt von ihren Erfahrungen, erzählen sie von den Eigenheiten des Lebens und halfen dem Maler, die Kunst aus ihrer normierten Künstlichkeit zu befreien.

So waren die beiden großen Menschenmaler des Barock, Caravaggio und Velázquez, Vorreiter der neuen Epoche mit ihrer Freude am großen Theater und ihrer Art, Figuren und Betrachtern gleichermaßen nahezukommen. Dabei verweigerten sie, anders als viele ihrer Kollegen, letztlich den Bund mit der Macht. Vielleicht ahnten sie, dass ihre bewusst reduktionistische Kunst den Abstand brauchte zum Prunk, zur

Wunschlosigkeit und Selbstherrlichkeit derer, die sie sich leisten konnten. Ihre Vitalität verdankt diese Malerei stattdessen jenen, welche die Brüche und Härten jener Jahre am eigenen Leib erlebten. Die beiden Künstler wurden so zu Meistern der Schattenseiten des Lebens und ihrer Zeit. Sie repräsentierten ihre Epoche und blieben doch deren Antipoden. Den Heutigen zeigen sie, wie sehr sich auch in unsicheren Zeiten Wirkungsmacht und Realitätssinn, Lebensgier und soziales Gespür bedingen können.

Dieses Buch porträtiert Caravaggio und Velázquez, berichtet von ihrem Werdegang und Werk, den Orten und der Zeit, in denen sie wirkten. Der abschließende Essay erzählt, wie Künstler und Architekten des Barock von Peter Paul Rubens über Gianlorenzo Bernini und Artemisia Gentileschi bis hin zu Giambattista Tiepolo auf den immensen politischen, ökonomischen und weltanschaulichen Wandel reagierten – und wie sie dabei die Impulse, Einsichten und Warnungen der beiden großen Wirklichkeitsmaler mal aufnahmen, mal ignorierten.

Meister der Dunkelheit, Dramaturg der Ohnmacht: *Caravaggios ästhetische Revolution*

Monatelang ist der junge Lombarde Michelangelo Merisi durch Rom gezogen, hat Zimmer und Ateliers gewechselt. Einmal kam er als Diener bei einem Kleriker unter, der ihm jeden Abend nur Salat zu essen gab. Es war eine hoffnungslose Zeit. Jetzt aber, im Jahr 1593, wird alles anders. Er hat ein Dach über dem Kopf. Eine Matratze in der Ecke. Eine Staffelei, Farben und einen Arbeitsvertrag. Hier, in dieser Werkstatt im historischen Zentrum nahe der Piazza della Torretta, will er es schaffen: Roms zweiter Michelangelo werden. Ein Maler, so brillant, dass er sich alles erlauben kann.

So wie seine beiden neuen Dienstherren, die Brüder Giuseppe und Bernardino Cesari. Der eitle und ruppige Giuseppe ist nur wenig älter als der 22-jährige Merisi und gilt als erfolgreichster Maler der Heiligen Stadt. Der Papst schwärmt für ihn. 1594 ist Giuseppe an einer Messerstecherei beteiligt und wird zwei Jahre später mit einer verheirateten Frau erwischt, doch es bleibt bei einer Geldstrafe. Sein Bruder Bernardino Cesari ist im Sommer vor Merisis Ankunft zu einer Geld- und Körperstrafe verurteilt worden, weil er südlich von Rom mit befreundeten jungen Feudalherren zum Vergnügen brutale Raubüberfälle auf Reisende verübte. Um einer Verhaftung zu entgehen, flohen die Brüder nach Neapel, Giuseppe kehrte im Januar, Bernardino erst im Juni nach Rom zurück, nachdem ein Kardinal interveniert hatte und die Strafe aufgehoben wurde.

Einem Künstler wird, solange sein Stil begehrt ist, viel verziehen. So ist es schon 100 Jahre zuvor gewesen, in der Renaissance. Doch jetzt, in Zeiten der Glaubenskrise, der Gegenreformation und der Religionskriege, wo die Kirche auftrumpfen muss, braucht sie die Kreativen mehr denn je. Und jeder hohe Kleriker, jeder Adlige in der Stadt wünscht sich einen Künstler, der seinen Namen in die Welt trägt.

Vermutlich imponiert Merisi (der sich nach der Geburtsstadt seiner Eltern auch Michelangelo da Caravaggio nennt) das Gebaren seiner neuen Werkstattchefs. Sie hantieren auch gern mit illegalen Feuerwaffen – wie ein Prozess von 1607 zeigt. Das sind keine braven Handwerker, die fleißig dienen. Die Brüder Cesari begegnen möglichen Auftraggebern auf Augenhöhe, wenn nicht sogar von oben herab. Raubüberfälle sind das liebste Hobby junger Adliger, die sich partout nicht den Gesetzen des Kirchenstaates unterwerfen wollen. Gelegentliches Banditenwesen adelt so gesehen auch Künstler, die nicht qua nobler Geburt, sondern nur durch ihr Tun aufsteigen können. Wenn ihnen dann noch wegen ihrer Kunstfertigkeit vergeben wird, strahlt ihr Ruhm umso heller.

Caravaggio kann am Verhalten seiner neuen Arbeitgeber nichts Anstößiges finden. Zumal sie ihm freie Hand lassen. Giuseppe Cesari erkennt schnell, welches Talent der temperamentvolle Jüngling aus dem Norden mitbringt. Die römische Gesellschaft giert nach ästhetischer Innovation. Und dieser junge Kollege versucht gar nicht erst, den künstlich verbogenen Körpern und metallischen Farben der mittelitalienischen Manieristen nachzueifern.

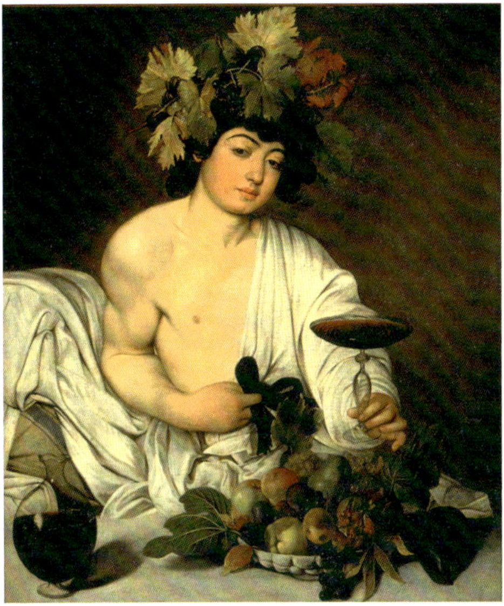

1 Caravaggio: Bacchus, Galleria degli Uffizi (Florenz), 1595/97

Malerei, die nicht dem Leben folgt, hält Caravaggio für »Kinderkram«. Leichthändig wirft er auf seine Holztafeln und Leinwände detailgetreu Pfirsiche, Äpfel, Trauben, die mal glänzen, mal faulen. Sehr junge Männer mit knabenhaft weichen, runden Gesichtern und wilden braunen Locken sind zu sehen, die mit ihrem Laub im Haar und ihren weißen Togen als Gott Bacchus verkleidet sind. Caravaggio gibt nicht einmal vor, die Vergangenheit zu zeigen. Er malt seine eigene Inszenierung der Antike, und wie im Theater sieht man die Eigenheiten der Schauspieler: Die Sonne hat Gesichter und Hände der Jungen gerötet, ihre sonst bedeckten Körper aber bleiben blass.

Vielleicht ist es auch der Rotwein, der einem von ihnen das Blut in die Wangen treibt (Abb. 1). Mühselig balanciert der Junge ein randvolles Glas, und Caravaggio trickst so lange an der Perspektive, scheint das Gefäß zugleich von oben und unten zu zeigen, bis auch dem Zuschauer schwindelt. Schon sein Vorbild Michelangelo Buonarroti experimentierte ein Jahrhundert zuvor mit dem Gleichgewichtssinn; jetzt kommt der neue Michelangelo und bringt die Leute ins Wanken, bis ihnen der Schädel brummt. Und wenn sie zudem verwirrt sind von einer Süße, die sie bisher nur aus Bildnissen schöner Frauen kannten – umso besser. Sie werden diesen Maler nicht vergessen.

Es gibt vermutlich keine Auftraggeber im Kirchenstaat zur Zeit Papst Clemens VIII., die von sich aus auf solche Bildideen kommen. Aber der freie Markt wächst, und hier ist die Nachfrage groß: Brave Kompositionen mit immer gleichen Heiligengeschichten langweilen die bessere Gesellschaft. Caravaggios Meister Cesari hat deshalb keine Mühe, die Stillleben und sinnlichen männlichen Bildnisse des Lombarden an Kunsthändler zu verkaufen; besonders gelungene Stücke behält er selbst.

Nach einigen Monaten hat sich Caravaggio genug von Cesari abgeschaut. Die Matratze unter dessen Dach braucht er nicht mehr und das Gehalt auch nicht. Der Jüngling aus dem Norden wagt sich in die Selbstständigkeit: Seine Bilder werden zur Marke, er kann im eigenen Namen handeln. Der andere Michelangelo war schließlich auch sein eigener Herr.

Die stolze Zuversicht, mit der Caravaggio in die Zukunft blickt, haben ihm die Eltern von früh auf mitgegeben. Der Vater war Maurermeister, die Mutter Tochter eines Landvermessers und Kämmerers. Sie stammten aus dem kleinen Ort Caravaggio nahe Bergamo. Vielleicht als Zeichen ihrer Aufstiegshoffnungen ließen sie ihren Erstgeborenen am 30. September 1571 auf den Namen des berühmtesten Baumeisters und Künstlers des Jahrhunderts taufen.

Als Michelangelo Merisi etwa fünf Jahre alt war, starb sein Vater an der Pest. Mit zwölfeinhalb Jahren schickte die Mutter ihren Ältesten zur Ausbildung in das beste Maleratelier Mailands – vielleicht, damit er wie sein Vater ein Handwerk lerne, das eine bürgerliche Existenz, aber auch eine große Karriere ermöglicht. Das hohe Lehrgeld konnte sie nur aufbringen, weil sie ein Grundstück verkaufte, auf das ihre Kinder Anrecht hatten. Michelangelo Merisi war seiner Familie dankbar und verzichtete nach dem Tod der Mutter auf einen Teil der Erbschaft.

Als Kind war er nicht als begabter Zeichner aufgefallen, nun aber kannte er alle Kniffe der lebenszugewandten Renaissancemalerei. Sein Lehrer war ein Schüler Tizians, der sich auf dunkle Farben und eine expressive Lichtführung verstand. Die Lehrlinge schulten ihre Hand an Stichen nach Raffael und Michelangelo. Im Geiste des 1519 gestorbenen Leonardo da Vinci lernten sie, nach dem Leben zu arbeiten.

In Mailand, wo Leonardo lange gewohnt hatte, kursierten dessen Naturstudien noch in den Werkstätten. Es schien in dieser Stadt, als sei die Renaissance nie zu Ende gegangen. Sakrale Themen aber waren nun noch wichtiger als damals, vor der Gegenreformation. In der Stadt wirkte bis 1584 der sozial engagierte Kardinal Carlo Borromeo; hier sollte die Kunst das Volk ergreifen – auch die Armen und Pestkranken, für die der Kirchenmann sich einsetzte. Katholisch fromm hatte die Malerei also zu sein, jeder Lichtkegel musste der Erleuchtung dienen. Aber lebensnah und ergreifend durfte sie auch sein.

Caravaggio wusste genau, was er konnte, als er sich nach dem Tod seiner Mutter mit etwa 20 Jahren nach Rom aufmachte, in die Stadt mit dem größten Bedarf an Künstlern: für die Ausstattung der Kirchen und Paläste, mit denen Päpste, Kardinäle und weltliche Aristokraten um grandiose Prachtentfaltung wetteifern. Vielleicht ermunterten ihn zu dem Schritt Verwandte, die schon in der Ewigen Stadt wohnten. Trotz dieser Verbindungen dauert es, ehe Caravaggio es 1594 wagt, auf eigene Rechnung zu malen.

Was ihm nun hilft, sind seine Freunde. Er streunt durch die Stadt, zieht durch Tavernen und kennt bald alle Welt. Um Kontakte zu knüpfen, nimmt Caravaggio am 40-Stunden-Gebet der Malerbruderschaft teil. Bei dem Gebet wechseln sich die Mitglieder jeweils paarweise im Stundentakt ab. Die Maler bekunden so öffentlich ihre fromme Gesinnung; auch prominente Kollegen wie Federico Zuccari sind dabei.

Bald umgibt Caravaggio ein Kreis etwa gleichaltriger Anhänger. Dichtende Kumpane besingen diesen Michelangelo als »malenden Engel«, der seinen Namensvetter bereits als junger Mann übertroffen habe, indem er in seiner Kunst die Dinge zum Leben bringe. Ein Künstlerfreund besorgt ihm unweit des Tibers eine Bleibe im Palazzo eines verreisten Monsignore. Der Freund verkauft auch Caravaggios Bilder und hat wohl das Recht, Kopien anzufertigen. Manche der arrivierten Kollegen meiden den in jener Zeit noch neuen, freien Kunsthandel ohne Auftrag, Caravaggio aber erkennt hier seine Chance: Es braucht keinen Dienstherrn mehr, um zum Stadtgespräch zu werden. Und wenn eine Komposition Anklang findet, wird sie einfach mithilfe eines ölgetränkten Papiers durchgepaust und noch einmal verkauft.

Das ist auch deshalb nützlich, weil die Preise der Bilder des jungen Caravaggio niedrig sind: Sein »Jüngling, von einer Eidechse gebissen« bringt nur 1,5 Scudi ein, was dem Wert von etwa 35 Kilogramm Brot entspricht (ein Kammerdiener erhält rund acht Scudi Monatslohn). Das Urheberrecht allerdings entgleitet den Malern auf dem freien Markt schnell. Die Händler, an die sie verkaufen, sind Trödler oder Künstler, die ihnen anvertraute Werke gern ohne Rücksprache kopieren. Also muss es das Ziel sein, direkt für jene Sammler zu arbeiten, die Kunst angemessen honorieren.

Den Anfang machen einige Gemälde für den päpstlichen Kämmerer, der mit Caravaggios bestem Freund verschwägert ist. Einem Mitarbeiter des Papstes muss man etwas bieten, das in dessen Welt passt. Also keine sentimentalen Weingötter, sondern eine reuige Maria Magdalena – nur malt Caravaggio statt einer entrückten Heiligen ein römisches Mädchen, wie man sie in der Kirche knien und in den Gassen stehen sieht (Abb. 2). Ein Kritiker wird spotten, für dieses Bild habe Caravaggio eine junge Frau von der Straße geholt und zum Haaretrocknen hingesetzt. Wenn es so war, muss der Maler

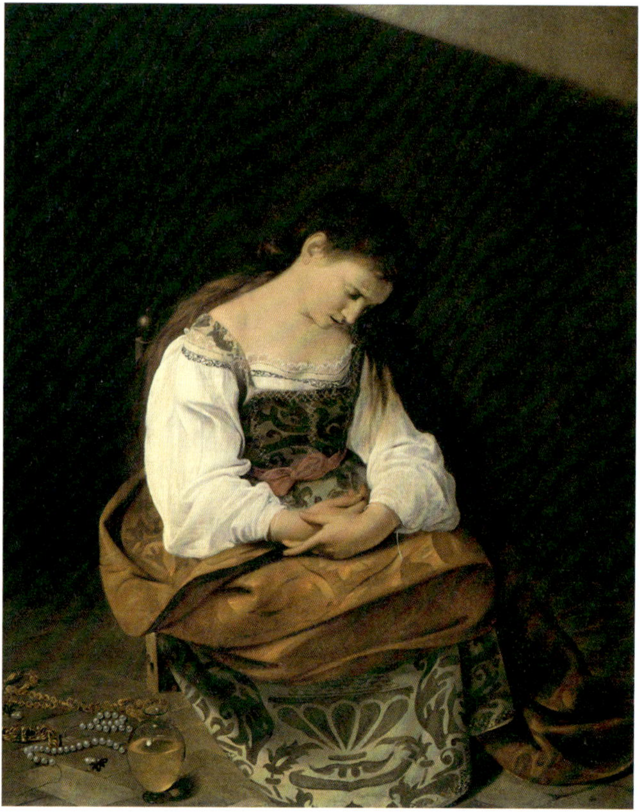

2 Caravaggio: Reuige Magdalena,
Galleria Doria Pamphilj (Rom), 1594

einiges angestellt haben, um sein Modell derart zum Weinen zu bringen. Seine Magdalena hat ihren Schmuck auf den Boden fallen lassen, eine Perlenkette ist gerissen, und ihre Ponysträhnen sind frisch abgeschnitten.

Sie will gar nicht mehr angeschaut werden. Zusammengesunken sitzt sie mit schamrotem Ohr da, sinniert über ihre Schuld und sieht doch besonders schön aus. Die schmucklose Nackenlinie lässt sie verletzlich wirken, das offene Haar ungezwungen. Sie ist mit sich selbst beschäftigt, was auch heißt: Ihr reiches Innenleben kann der Betrachter nicht kennen, nur erahnen. Caravaggio erweist einem einfachen Mädchen Respekt.

Das Bild, das gleichzeitig von Reue und Verführungskraft kündet, mag die Römer an die Kurtisanen erinnern, von denen die Klerikerstadt überfüllt ist. Manche Eltern dulden es, wenn sich ihre Töchter an Geistliche verkaufen. Zurzeit aber müssen Prostituierte auf der Hut sein. Papst Clemens VIII. lässt in seinem gegenreformatorischen Furor alle aus ihren Wohnungen vertreiben und siedelt sie in einen Bezirk hinter der Piazza del Popolo um. Zuhältern und Kupplerinnen werden bisweilen Nasen oder Ohren abgeschnitten. Dirnen sollen gelbe, bis zu den Füßen reichende Ärmel tragen, um Verwechslungen zu vermeiden. Manch eine Frau, die gegen die Regeln verstößt, wird öffentlich ausgepeitscht. Die Gendarmen verhaften auch Freier, darunter viele Vatikanmitarbeiter. Auch Michelangelo Merisis früherer Chef Giuseppe Cesari wird wegen Hurerei denunziert.

Caravaggio, der sich vielleicht an den milderen Umgang mit Prostitution in Mailand erinnert und selbst römische Straßenmädchen kennt, zeigt in seinem Bild Magdalenas, wie es auch geht: Das Prinzip der Vergebung gehört zum Christentum, und Schönheit führt nicht nur zur Sünde, sondern im Fall Magdalenas auch zu Erkenntnis und Einsicht.

Hemdsärmelig wie Caravaggios Magdalena in der Öffentlichkeit herumzulaufen, hat den Römerinnen schon Jahre zuvor ein Vorgänger von Clemens VIII. verboten. Die Ordnungshüter werden seither immer restriktiver. Inzwischen befiehlt der Papst, Jünglingen ihre modisch aufgetürmten Stirnlocken abzuschneiden, weil die an Damenfrisuren erinnerten und vermeintlich zur Homosexualität anregen könnten. Aus Angst vor Unzucht untersagt Clemens sogar das nackte Baden im Tiber – wer dennoch ausgezogen oder leicht bekleidet ins Wasser taucht, dem drohen Rutenhiebe und Gefängnis.

Gemalte Nacktheit halten die Theoretiker der Katholischen Reform für noch gefährlicher als bloße Haut. Sie schreiben, die Versuchung gerate über das Auge in die Seele, daher gelte es, die Freiheit der Maler stärker als die der Kurtisanen einzuschränken und schamlose Darstellungen zu ahnden. Clemens VIII. prüft persönlich die Ausstattung der römischen Kirchen. Nach seinen Kontrollgängen befiehlt er, Holzskulpturen zu bekleiden, Kruzifixe mit Schleiern zu umhüllen, die Brüste einer Maria Magdalena mit wallendem Haar zu bedecken. Kustoden haften nun für die Schicklichkeit in ihren Kirchen. Deshalb lassen viele dieser Aufseher Entwürfe für Kunstwerke vorsichtshalber von höhergestellten Theologen genehmigen.

Wie beim Kampf gegen das Kurtisanentum stößt der Papst auch bei seinem Vorgehen gegen die gemalte Blöße auf Wi-

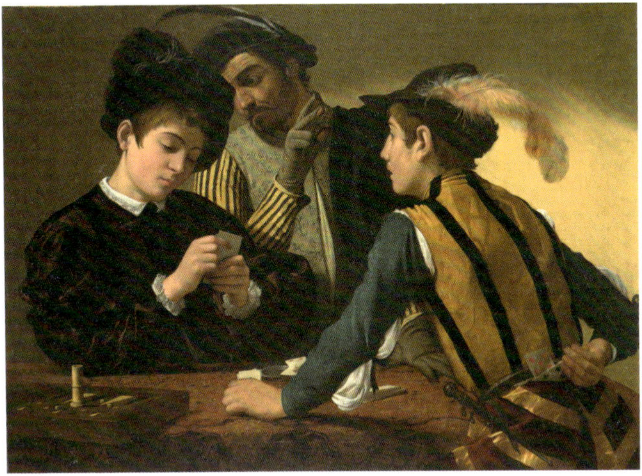

3 Caravaggio: Die Falschspieler,
Kimbell Art Museum (Fort Worth, Texas), 1594/95

derstand der Eliten: Zu einer veritablen Kunstsammlung gehören nun einmal Mythologien und andere Motive, in denen der Körper seinen festen Platz hat. Caravaggios Arzt etwa, der sich seine Dienste gern in Ölgemälden vergüten lässt, argumentiert, das päpstliche Bilderedikt beziehe sich nur auf den öffentlichen Raum und nicht auf private Palazzi. Im eigenen Haus genüge es, anstößige Gemälde in ein abseits gelegenes Zimmer zu hängen und sie zu verhüllen. Der Hausherr dürfe die Vorhänge zur Seite schieben, wenn er in Gesellschaft seiner Gattin »oder einer nicht kleinlichen Person« sei.

So denken viele – auch Kardinäle. Einer der liberalsten ist Francesco Maria del Monte, ein neugieriger Mittvierziger, der 1589 in den frisch renovierten Palazzo Madama nahe der Piazza Navona gezogen ist. Mit 12000 Scudi Jahreseinkommen gehört er zwar nicht zu den vermögendsten Kardinälen, kann aber 50 Angestellte beschäftigen und eine bedeutende Sammlung von Musikinstrumenten und Kunstwerken aufbauen. Wenn er nicht gerade auf seiner spanischen Gitarre spielt, versucht er sich an alchemistischen Experimenten. Sein Bruder ist ein bekannter Mathematiker und Physiker, beide sind eng mit Galileo Galilei vertraut, den sie unterstützen. Auch junge Künstler fördert der Kardinal und lässt sie bei sich wohnen. Er ist ein Patensohn Tizians und hat als gebürtiger Venezianer einen Sinn für die manchmal drastische Malerei aus Norditalien.

Eines Tages ersteht er bei einem Händler in seiner Nachbarschaft ein Gemälde Caravaggios, auf dem zwei Gauner per Handzeichen einen jungen Edelmann beim Kartenspiel hereinlegen (Abb. 3). Die Bildbetrachter sehen, wie der Betrüger versteckte Karten zückt, und werden so zu Komplizen. Das Gemälde moralisiert nicht – es setzt ein kleines Verbrechen in Szene. Theaterstücke und spanische Romane über Trickdiebe und Gauner sind sehr beliebt; wie Caravaggios Gemälde romantisieren sie ein wenig pittoreskes Leben: Obwohl die Obrigkeit versucht, mit Razzien, Haftstrafen und Arbeitsdiensten durchzugreifen, kämpfen in Rom unzählige Hungerleider mit allen Mitteln ums Überleben.

Kardinal del Monte liebt die Musik, in seinem Palast gibt es regelmäßig Konzerte. Er lädt den Gaunermaler zu sich ein: als Logiergast. Im Palazzo Madama muss Caravaggio für Mahlzeiten und Unterkunft nicht zahlen, hier lernt er wohl

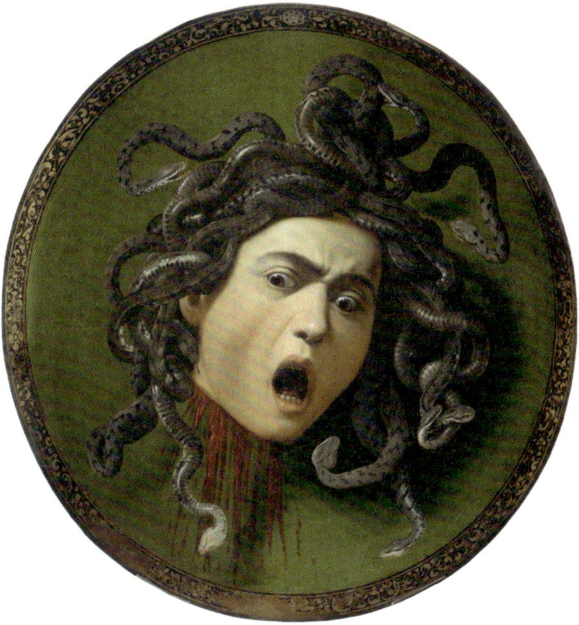

4 Caravaggio: Medusenhaupt, Galleria degli Uffizi (Florenz), 1598/99

Gitarrespielen und Fechten. Sein Dienstherr, der ihn liebevoll »Schüler« nennt, bringt ihm wahrscheinlich die Physik nahe. Der Maler macht allerlei optische Experimente, auch mit Spiegeln.

Einmal beeindruckt er del Monte mit einem Medusenhaupt, das auf einen konvexen, mit Leinwand überzogenen Holzschild gemalt ist – ähnlich dem Schild, in dem sich das furchteinflößende Haupt im antiken Mythos spiegelte

(Abb. 4). Nur wer Medusa nicht direkt anschaute, soll von der versteinernden Wirkung ihres Blickes verschont geblieben sein. Wie die Vorzeichnung einer früheren Fassung offenbart, hat Caravaggio zunächst sein eigenes, leicht androgyn wirkendes Gesicht gemalt, vermutlich mithilfe eines gebogenen Spiegels. Er muss dabei lauthals geschrien haben, denn das Bild zeigt die frisch geköpfte Medusa, die ihren Tod nicht fassen kann und vor Empörung und Entsetzen Augen und Mund weit aufreißt. Die Schlangen auf ihrem Haupt zischen noch, aber das Blut strömt ihr schon aus dem Hals.

»Willst du, dass ich weine, so trauere erst einmal selbst«, empfehlen getreu dem Motto des römischen Dichters Horaz zeitgenössische Theologen den Künstlern. Ob Caravaggio mit solchen Texten vertraut ist oder nicht: Er studiert seine eigenen Affekte, um starke Gefühle wie Schmerz, Wut und Angst zu fassen.

Und diese Affekte lebt er nicht nur vor der Staffelei aus. Das Palastleben lässt ihn immer ungestümer werden. Es kommt vor, dass er nach einer Prügelei seine Wunden verarzten lassen muss. Davor schützt ihn auch nicht seine abschreckende Aufmachung: Gut sichtbar trägt er neben spitzen Zirkeln sein Schwert spazieren, was verboten ist. Wenn Gendarmen ihn anhalten, sagt er, als Hausgenosse eines hohen Klerikers dürfe er Waffen tragen. Damit kommt er durch und muss nur ausnahmsweise eine Nacht in der Zelle verbringen.

Doch das Schwert ist nicht nur Zierde. Wenn Merisi in Rage gerät, zückt er die Klinge. Einmal verletzt er jemanden an der Hand. Ein anderes Mal nimmt er sich nachts auf einer dunklen Straße einen Kollegen vor, schreit »Verräter«, schlägt mehrmals zu und versetzt dem Gegner dann noch einen Schwerthieb. Im letzten Moment schützt sich der Angegriffene mit seinem Mantel. Vielleicht hat er bloß nicht schnell genug den Hut gezogen, als er Caravaggio kommen sah. Der Maler erwartet nämlich selbst von Freunden, dass sie ihn als Erste grüßen. In Fragen der Ehre kennt er kein Pardon.

Dabei notiert ein Gendarm in einem Verhörprotokoll die auffällig abgewetzte schwarze Kleidung des Kardinaldieners; auch anderen fällt auf, dass er stets zerrissene, dreckige Sachen trägt. Jetzt, wo er ein sicheres Auskommen hat und sich nicht mehr zusammenreißen muss, provoziert er durch sein Äußeres – wie viele gleichaltrige Adlige, die eine proletarische Erscheinung und Krawalle modisch finden.

Den Kardinal empört das nicht. Er ist oft auf Reisen und lässt seinem Schützling freie Hand. Die nutzt Caravaggio nicht nur zu seinen nächtlichen Eskapaden, sondern auch, um bekannter zu werden. Nach wie vor gilt er am Hof des Papstes als exzentrischer und zweitrangiger Maler, dem man besser keine repräsentativen Großaufträge anvertraut.

Doch privat goutiert die höhere Gesellschaft seine ästhetischen Experimente, seine krasse Lichtführung mit immer härter fallenden Schatten. Bürger, Barone und Geistliche bewundern seine reduzierte Formensprache, die auf alles nicht unbedingt Nötige verzichtet – auch auf bunte Farben, die wenigen warmen Erdtönen weichen. Man staunt über Caravaggios Menschen, die so viel lebendiger aussehen als all die ätherischen Kirchenengel, denn ihre massiven Körper gehorchen den Gesetzen der Schwerkraft. Sie stehen mit beiden

Beinen auf dem Boden, und wenn sie etwas heben, wenn sie treten oder zustechen, spannen sich ihre Muskeln. Caravaggios Kunst will nicht mehr künstlich wirken, sondern gewichtig.

Inzwischen überlässt er seine Werke nicht mehr den Trödlern. Ein Bankier, der ansonsten Geldgeschäfte des Vatikans abwickelt, vertreibt seine Gemälde wie auch die autorisierten Kopien. Die meisten dieser Reproduktionen stellt wahrscheinlich ein Freund Caravaggios her. Die Preise seiner Bilder steigen auf 200 Scudi; schließlich werden sogar für eine Kopie 300 Scudi gezahlt. Der zugewanderte Lombarde besitzt keine große Werkstatt wie andere Meister, die etliche Gesellen befehligen. Stattdessen hat er Geschäftspartner. Als einer der ersten großen Künstler seiner Zeit lässt Caravaggio den Markt für sich arbeiten und kommt ohne eigenen festen Wohnsitz aus. Einmal unterbricht er seinen Aufenthalt bei Kardinal del Monte und quartiert sich vorübergehend in den Palast eines anderen Auftraggebers ein.

Der Kardinal hat Freude daran, seinem Zögling neue Kunden zu vermitteln. Er geht im Vatikan ein und aus und kennt die Vorbehalte der klerikalen Tugendwächter gegen eine scheinbar zu offenherzige Kunst. Del Monte ist ein Mann der Kirche, aber die Ängste des Papstes vor Sittenverfall und Sinnesrausch teilt er nicht. Weshalb soll eine religiöse Kunst nicht eindringlich sein? Und sind gemalte Vorbilder nicht glaubwürdiger, je normaler sie auftreten – so wie ja auch die ersten Christen arme Leute waren?

Del Monte verschafft Caravaggio endlich einen Auftrag für

eine Kirche. Erstmals soll eines seiner Werke öffentlich zu sehen sein. Als Mitglied jener Kongregation, die den Bau des Doms von Sankt Peter überwacht, ist der Kardinal auch mit einer Kapelle in San Luigi dei Francesi befasst, einer kleinen Kirche in der Nähe seines eigenen Palazzos. Wegen Erbstreitereien gehen die Arbeiten dort nicht voran, der Besitzer der Kapelle, ebenfalls ein Kardinal, ist gestorben.

Eigentlich sollte Caravaggios früherer Chef Giuseppe Cesari die Bilder für die Kapelle malen, doch der liefert nicht. Am 1. Mai 1599 aber beginnen in dem Gotteshaus Messfeiern, die sich der verstorbene Kardinal für sein Seelenheil erbeten hat. Vermutlich bittet del Monte kurzerhand Caravaggio, ein provisorisches Altarbild aufzustellen. Kein offizieller Auftrag, kein langes Genehmigungsverfahren – sondern ein Test, wie dessen Malerei in sakraler Umgebung aufgenommen wird.

Caravaggio bespricht das Gemälde genau mit seinem theologisch versierten Förderer. Er hält sich präzise an die Anweisungen, die einst Cesari für diese Kapellenausstattung bekommen hat. Und malt dann doch, wie es ihm gefällt: einen bäurisch wirkenden Apostel Matthäus, der dem Betrachter seine nackten Waden und nicht ganz sauberen Füße entgegenreckt. Auf der Halbglatze des gedrungenen, älteren Mannes bilden sich Runzeln. Er staunt über jedes Wort, das er in das große Buch auf seinen Knien schreibt. Ein ebenfalls barfüßiger Engel schmiegt sich nah an seine Seite und führt ihm die Hand, als wäre der Autor ein Analphabet. Seht her, scheint Caravaggio zu sagen, dieser Schreiber Gottes ist einer von euch – nicht einmal Sandalen besitzt er!

In der Figur des Matthäus zitiert Caravaggio Raffael, in der

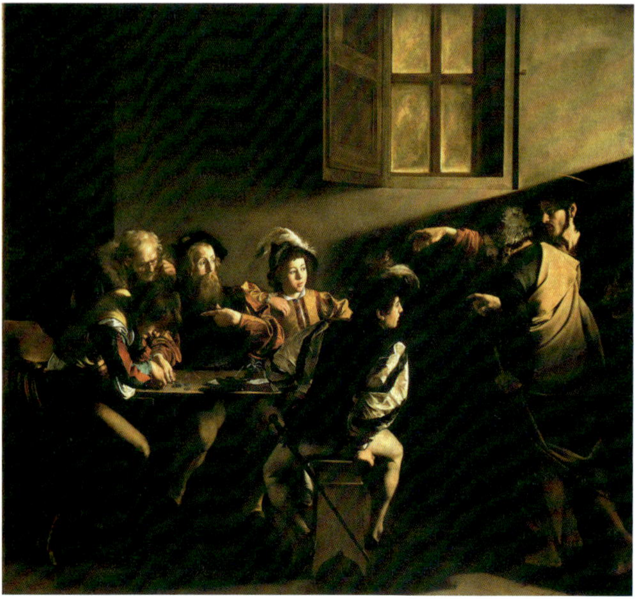

5 Caravaggio: Berufung des hl. Mätthäus, San Luigi dei Francesi, Contarelli-Kapelle (Rom), 1600

des Engels seinen früheren Chef Cesari. Er will sie alle übertreffen.

Nachdem das Gemälde aufgestellt wurde, gibt Cesari freiwillig die Anzahlung zurück, die er für die Kapellenausstattung bekommen hat. Caravaggio erhält jetzt einen regulären Vertrag über die Seitenbilder. Für die eine Kirchenwand malt er eine dramatische, etwas überfrachtete Schreckensszene: Der Heilige Matthäus liegt darnieder, über ihm erhebt sich ein junger Mann mit Schwert. Sich selbst malt der Künstler als mitleidigen Zuschauer. Doch auch der gut gebaute, braun gelockte mutmaßliche Mörder ähnelt ihm ein wenig.

Auf dem anderen Seitenbild wagt der Maler so etwas wie eine Tavernenszene (Abb. 5). Christus beruft Matthäus, während ein gieriger Jüngling heimlich Geld zur Seite schiebt. Der Heiland ist barfuß. Er reckt den Zeigefinger in die Luft wie in der Sixtinischen Kapelle Michelangelos Adam, als Gott ihn erschafft – der neue Michelangelo erbringt dem alten seine Hommage, doch verlegt er die Malerei vom Himmel in eine Wechselstube.

Die Gemälde sind Stadtgespräch. Caravaggio wird nun um ein offizielles Altarbild für die Kapelle gebeten. Er entscheidet sich diesmal für eine Komposition mit einem vornehmeren Apostel und einem weniger zudringlichen Engel. Vermutlich empfanden die Kirchenoberen das erste Bild für eine dauerhafte Ausstellung über dem Altar als zu derb.

Doch es findet schnell einen neuen Liebhaber: Vincenzo Giustiniani, oberster Bankier des Papstes, kauft die Erstfassung für seinen Palast. Der Marchese aus Genua ist ein manischer Sammler. Es gibt in der Stadt wohl keinen besseren Kunstkenner als ihn. Im Laufe seines Lebens wächst die Kollektion auf rund 2400 Kunstwerke. In seinem Palazzo gruppiert er in üppig freskierten Sälen mit aufgemalten Kolossalsäulen moderne Malerei und antike Skulpturen. Als Blickfang hat er einen von Eroten flankierten antiken Ziegenbock aufgestellt, ein Sinnbild der Wollust.

Wer so vertraut ist mit den Ausschweifungen früherer Zeiten, den schrecken schmutzige Füße nicht. Insgesamt erwirbt Giustiniani zusammen mit seinem Bruder Benedetto, einem

Kardinal, nach und nach 15 Originale Caravaggios – von sakralen Motiven bis zum Porträt einer stadtbekannten Edelkurtisane. Giustiniani amüsiert sich über die Provokationen des neuen Michelangelo. Und stachelt ihn womöglich sogar an, sich immer weiter vorzuwagen.

Giustinianis privater Salon ist der Ort der Redefreiheit. Hier werden Feste gefeiert, Schmähgedichte verlesen und Musikabende veranstaltet. Die päpstliche Justiz bleibt draußen. Drinnen ist jeder Scherz, jede Satire erlaubt. Caravaggio malt für Giustiniani einen lachenden Knaben mit Vogelschwingen (Abb. 6). Der als Amor verkleidete Junge hat Unordnung angerichtet: Seine Musikinstrumente sind ineinander verkeilt, Laute und Geige fehlen einige Saiten. Dichterlorbeer und Federkiel liegen achtlos herum. Seinen nackten Po reckt der Knabe über einen Globus mit Sternen aus Blattgold. Zeitgenossen verstehen die Anspielung sofort: Die Sterne auf azurblauem Grund ähneln dem Wappen der Familie des Papstes. Überall in der Stadt, auch an Kirchendecken, lässt Clemens VIII. sie zu seinem Ruhm erstrahlen. Caravaggios Amor dagegen scheint gleich seine Notdurft auf dem gestirnten Globus verrichten zu wollen. Wie Giustinianis Inventarschreiber dezent bemerkt, ist der Junge »im Begriff, die Welt, die er unter sich hat, zu verachten«.

Der Witz spricht dem Bildbesitzer wohl aus dem Herzen. Giustiniani ist einer der größten Kreditgeber von Clemens VIII. Der Papst bringt den Bankier mit seinen enormen Schulden in Schwierigkeiten. Allein für die päpstliche Hofhaltung muss Giustiniani jeden Monat 7500 Scudi vorstre-

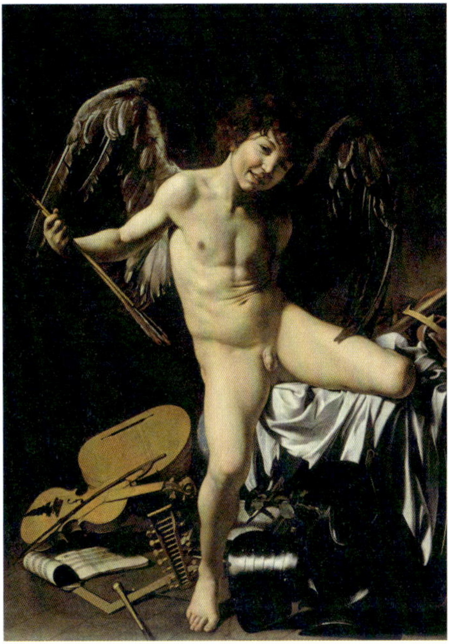

6 Caravaggio: Amor als Sieger, Amor Vincit Omnia, Staatliche Museen zu Berlin, Gemäldegalerie, 1602

cken. Hochzeiten von Mitgliedern der Papstfamilie gehen in die Hunderttausende.

Clemens VIII. gilt als Verschwender, der mehr an seine Verwandten als an das Gemeinwesen denkt. Täglich kleben neue Spottverse auf seine Finanzpolitik an der Statue des Pasquino nahe der Piazza Navona, der die Römer seit 100 Jahren ihre Herrschaftskritik anonym um den Hals hängen. Clemens droht schon, die Figur im Tiber zu versenken, verzichtet dann aber auf diese unpopuläre Maßnahme. Entsprechend hämisch muss man sich das Gelächter vorstellen, wenn der Hausherr im Palazzo Giustiniani Gäste vor sein Lieblingsbild führt und den Vorhang vor Caravaggios nacktem, grinsendem Amor wegzieht.

Einer aber kann über den Leichtsinn des geflügelten Knaben nicht lachen: der Maler Giovanni Baglione. Der gleichaltrige Kollege ist Michelangelo Merisis größter Neider. Was findet Giustiniani nur an dieser geflügelten Göre! Der Sammler sei wohl »über das Sagbare hinaus« in Caravaggios Amorbuben verliebt, unterstellt Baglione ihm. Er spielt damit auf die sexuellen Beziehungen von Männern zu Jungen an, um die es in dem Bild auch zu gehen scheint – nur dass Caravaggio nicht Kindesmissbrauch propagiert, sondern gerade die Verletzlichkeit des Jungen zeigt. Ihm hat sich der abwesende Erwachsene mit all seinem Tand nur zum Schein unterworfen, ein Konzept, das in der Liebestheorie der Zeit als »freiwillige Knechtschaft« propagiert wird. Caravaggios Knabe mag die abgelegte Rüstung und die Instrumente des Älteren triumphal verspotten, er tut dies, weil und solange der Mann es so will – was auch heißt, dass dieser jederzeit die Szene betreten und dem Treiben ein Ende bereiten könnte. Caravaggio beschönigt das Machtgefälle einer Missbrauchsbeziehung zu einem abhängigen Kind nicht, er beschreibt es.

Baglione malt ein Gegenbild – und bestraft nicht den übergriffigen Erwachsenen, sondern den Knaben für seine angebliche Verführungskunst. Er erfindet einen züchtig bekleideten erwachsenen Amor als Himmelsboten, der die irdische Liebe in Gestalt eines jugendlich-nackten Amors niederringt. Das Licht fällt wie in einem Kegel von links oben auf die Figuren, Baglione ahmt nach, was Caravaggio erfunden hat. Er stellt das Gemälde am 29. August 1602 öffentlich aus, auf dass die anderen Künstler es sehen.

Doch die Bewunderung der Kollegen bleibt aus. Die Freunde Caravaggios verspotten den gepanzerten Erwachsenen, den Baglione statt eines hübschen Jungen gemalt hat. Baglione rächt sich und zeigt in einer zweiten Fassung dem Betrachter das Gesicht des braun gebrannten Satyrs, den sein Amor niederstreckt: Es sieht Caravaggios Knabenfiguren verdächtig ähnlich. Schon bald kursieren in der Stadt böse Spottgedichte auf Baglione. Der sieht in Caravaggio den Urheber dieser Schmähungen – und unternimmt etwas Ungewöhnliches: Anstatt seinem Konkurrenten von Kriminellen das Gesicht zerschneiden zu lassen oder ihm in einer dunklen Gasse aufzulauern (wie es üblich ist unter verfeindeten Römern), bringt er die Sache vor Gericht.

In dem Verleumdungsprozess macht Caravaggio keinen Hehl daraus, dass er den Konkurrenten und Nachahmer für keinen guten Maler hält. Zu den Spottversen bekennen er und seine Freunde sich nicht. Das vermag die Richter nicht zu überzeugen. Caravaggio kommt ins Gefängnis, wird aber schon nach knapp zwei Wochen in Hausarrest entlassen: Der französische Botschafter hat sich – vermutlich auf Wunsch Kardinal del Montes – für den Häftling eingesetzt. Der kann das nur als Kompliment verstehen: Es sieht aus, als sei er als Künstler so unabkömmlich, dass ihm niemand mehr etwas anhaben kann.

Das reizt er voll aus. In den Jahren nach dem Baglione-Prozess ist Caravaggio nicht mehr zu bändigen. Im Wirtshaus antwortet ihm ein Kellner eine Spur zu frech, also wirft der Maler ihm seinen Teller heißer Artischocken ins Gesicht. Er greift Gendarmen an, randaliert nachts in den Straßen und zerschlägt Fensterläden und Türen. Nicht immer kommt er unverletzt davon. Einmal ist die Wunde an Hals und Ohr so tief, dass sein Anwalt ihn bei sich zu Hause pflegt. Auf Fragen antwortet Caravaggio mit der gängigen Behauptung, er sei auf der Straße in sein eigenes Schwert gefallen.

Inzwischen hat er eine Freundin namens Lena, die auf den Strich geht und deswegen schon einmal verhaftet worden ist. Sie bietet sich regelmäßig auf der Piazza Navona Freiern an; Caravaggio versteht sich als ihr Beschützer. Vermutlich steht sie ihm Modell – was nicht ungewöhnlich ist, denn die meisten weiblichen Modelle sind Prostituierte, da das Posieren als nicht ehrbar gilt. Einmal streitet sich Caravaggio mit einem Juristen um Lena, die Männer einigen sich nicht. Einige Nächte später schlendert der Jurist durch Rom. Plötzlich schlägt ihm von hinten jemand ein Schwert auf den Kopf. Der Mann überlebt und gibt zu Protokoll, er habe den Täter nicht erkannt, aber es könne nur einen geben, der so etwas wage: Caravaggio. Der flieht nach Genua, um nicht wieder eingesperrt zu werden.

Seine Vermieterin nutzt die günstige Gelegenheit, ihn wegen eines Deckenschadens und Mietrückständen über 80 Scudi zu verklagen. Merisi hat nicht gezahlt, obwohl er das Geld vermutlich problemlos aufbringen könnte. Immerhin leistet er sich ja diese Wohnung im zentralen Vicolo di San Biagio und hat sie nach allen Regeln des gehobenen Lebensstils eingerichtet. Der Gerichtsvollzieher registriert unter anderem eine lederbezogene Tresortruhe, Sitze für Gäste, ein Klappbett für den Diener, Messingleuchter, eine Bücherkiste, eine Gitarre, eine Violine und teure Becher aus Glas anstatt der üblichen Keramik.

Ohrringe liegen herum, die vielleicht der Freundin gehören. Neben einigen Leinwänden, Spiegeln und anderen Malutensilien hat Caravaggio bei seiner Flucht nach Genua auch eine Waffensammlung zurückgelassen: drei Dolche, zwei Schwerter, eine Hellebarde und einen Rundschild.

Als sich eine außergerichtliche Schlichtung mit dem attackierten Juristen abzeichnet, kehrt Caravaggio nach Rom zurück. Und macht gleich weiter: Gemeinsam mit Freunden zieht er nachts vor das Haus der Vermieterin und wirft eine Ladung Steine gegen ihre Jalousie, die dabei kaputtgeht. Auf Anonymität legt er diesmal keinen Wert, sondern zupft noch ein Beleidigungsständchen auf der Gitarre, bis alle Nachbarn wach sind. Die sind nicht erfreut, aber auch nicht erstaunt – solche Racheakte junger Männer sind in Rom üblich.

In dieser Zeit ist Caravaggio beruflich erfolgreicher als je zuvor. Dass er Regeln bricht, im Leben wie im Werk, macht seine Bilder für das Publikum noch interessanter. Die Kunst des 16. Jahrhunderts hat das Schöne, Harmonische beschworen – seine Malerei des anbrechenden 17. Jahrhunderts weiß, wie ungemütlich die Welt sein kann.

Immer mehr Maler versuchen, Caravaggio nachzuahmen. Der aber schweigt sich aus über das, was in seinem Atelier

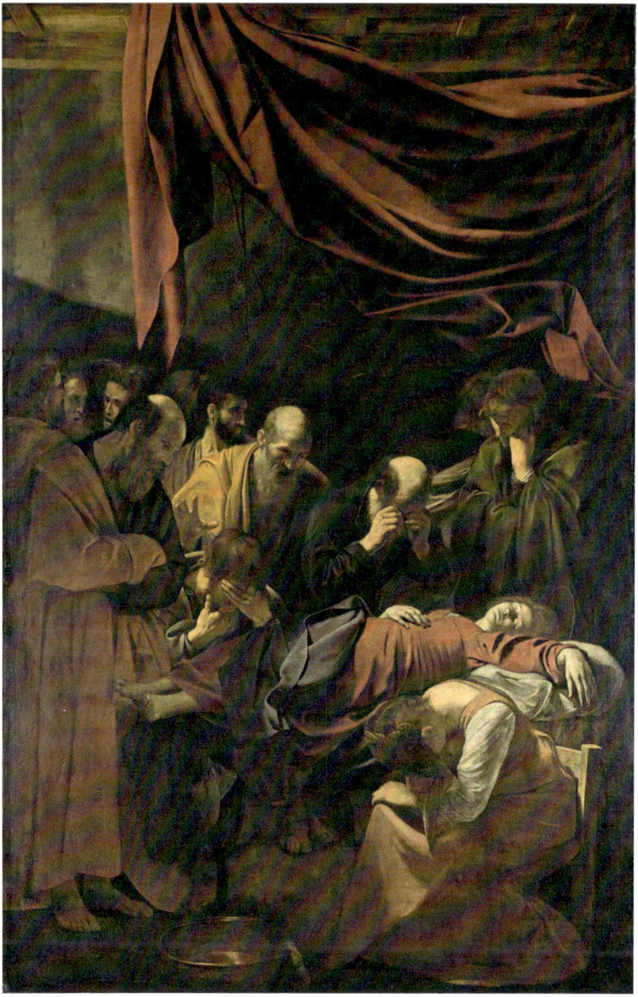

7 Caravaggio: Tod Mariens, Musée du Louvre (Paris), 1605/06

geschieht. Kein Wort verliert er über seine Maltechniken, darüber, wie er das Licht auf einzelne Figuren wirft oder mit dem Pinselstiel Umrisse in die Farbe ritzt. Alles, was er sagt, ist: Er arbeite stets nach Modellen.

Schnell ranken sich Mythen um das Geschehen in seinem Atelier – der Maler scheint es mit seinem vieldeutigen Schweigen darauf anzulegen. Lässt Caravaggio in seiner Werkstatt regelrechte Bühnenstücke aufführen, hängt er gar Modelle mit angeklebten Flügeln unter die Decke? Besorgt er sich eine geschwollene Leiche aus dem Tiber, wenn er eine Tote wie im »Marientod« zeigt (Abb. 7)? Oder ist die dargestellte Frau bloß eine möglicherweise schwangere Prostituierte, gar seine Freundin Lena?

Tatsächlich haftet dem gemalten Leichnam im »Marientod« nichts Heroisches an. Caravaggio zeigt eine alltägliche Sterbeszene: Bleich lässt seine Maria den Arm hängen, ihr leichtes Doppelkinn kippt zur Seite auf das Kissen, in das sich auch ihr Heiligenschein drückt. Die Füße sind wieder einmal nackt, Zeichen der erhabenen Armut Mariens. Ruhig und zufrieden liegt sie da. Das Wehklagen um sie herum aber ist umso verzweifelter: Die Trauernden reiben sich die Augen, weinen, versinken in melancholischer Wehmut. Erneut lädt Caravaggio zu einem großen Theater der Gefühle ein.

Nun hängt das Bild in der Kirche der Karmeliter – der Auftraggeber, ein Freund des Kunstsammlers Giustiniani, hat es den Ordensleuten übergeben. Die Karmeliter betreiben ein Haus für gefallene Mädchen und mögen die trauernde Maria Magdalena im Vordergrund für ein gutes Vorbild halten.

Doch kurz darauf kippt die Stimmung. Rufe werden laut, das Gemälde sei zu lasziv. Auch, dass Caravaggio eine Kurtisane als Madonna posieren ließ, stört die Karmeliter wohl. Sie hängen das Gemälde ab.

Auf solch einen Moment scheinen die Kunstliebhaber der Stadt nur gewartet zu haben. Sie liefern sich ein Bietergefecht. Der Skandal treibt den Preis hoch. Caravaggios Arzt hätte das Bild gern für seine Familienkapelle, wird aber von höherer Seite ausgestochen: Der Herzog von Mantua lässt das Werk für 350 Scudi erwerben. Den Tipp hat ihm der flämische Künstler Peter Paul Rubens gegeben. Auch die anderen Maler gieren nun nach dem Anblick des Sensationsbildes. Weil noch nicht alle den »Marientod« gesehen haben, drängen sie den Mantuaner Gesandten, es vor dem Abtransport nach Norden eine Woche lang öffentlich in seiner römischen Residenz zu präsentieren.

Ein Triumph für Caravaggio – wäre er noch in der Ewigen Stadt. Doch nun, im April 1607, ist er bereits im Exil in Neapel. Etwas ist schiefgegangen. Seine Kunst macht ihn nicht unverwundbar. Er hat zu viele Feinde in der Stadt und unter den Kunstwächtern, als dass man ihm alles verzeihen würde.

Eines Abends in Rom hatte er sich mit seinem Freund Onorio Longhi wieder einmal aufgemacht, eine Rechnung zu begleichen. Es ging gegen die Söhne des Kommandanten der Engelsburg, in der das päpstliche Gefängnis untergebracht ist. Die Brüder waren ständig aktenkundig wegen Beleidigung, Widerstands gegen die Staatsgewalt und Totschlags. Caravaggio kannte einen von ihnen, Ranuccio Tomassoni. Er hatte dessen frühere Freundin porträtiert, eine impulsive Prostituierte, die ihre Nachfolgerin in Ranuccios Bett überfiel und ihr aus Eifersucht Haare ausriss und das Gesicht zerschnitt. Longhi und Tomassoni waren immer wieder aneinandergeraten. Worum es an diesem Abend im Mai 1606 ging, ist nicht klar überliefert; vielleicht wussten sie es selbst nicht so genau. Die Stadt war voller Menschen, da der Jahrestag der Papstwahl gefeiert wurde. Schließlich standen sich acht bewaffnete Männer gegenüber, darunter Ranuccio und Caravaggio. Der Maler zückte das Schwert und erwischte den Kommandantensohn mit Wucht. Er selbst wurde schwer am Kopf verletzt.

Caravaggio überlebte seine Wunden, Ranuccio starb noch am selben Abend. Seither werden der Maler und die übrigen Beteiligten per Haftbefehl gesucht; die Steckbriefe hängen überall in der Stadt. Caravaggio setzt sich aus Rom ab. Aus der Ferne versucht er über Mittelsmänner, eine Begnadigung zu erreichen. Doch die Anklage droht mit dem Galgen – einen Totschlag sieht ihm die römische Obrigkeit nicht nach. Vermutlich sind einige der sittenstrengen Kirchenleute froh, den malenden Provokateur so loszuwerden.

Caravaggios alte Förderer, darunter die Marchesa seines Heimatortes, gewähren ihm Schutz und organisieren seine Übersiedlung nach Neapel. Die Hauptstadt der spanischen Besitzungen in Italien ist mit 300 000 Einwohnern dreimal so groß wie Rom, doch ihre Künstler machen weniger von sich reden. Die Metropole braucht Inspiration, will sie sich am Kirchenstaat messen. So lassen sich Ordensherren, Adlige und Kaufleute gern das zugereiste Talent empfehlen.

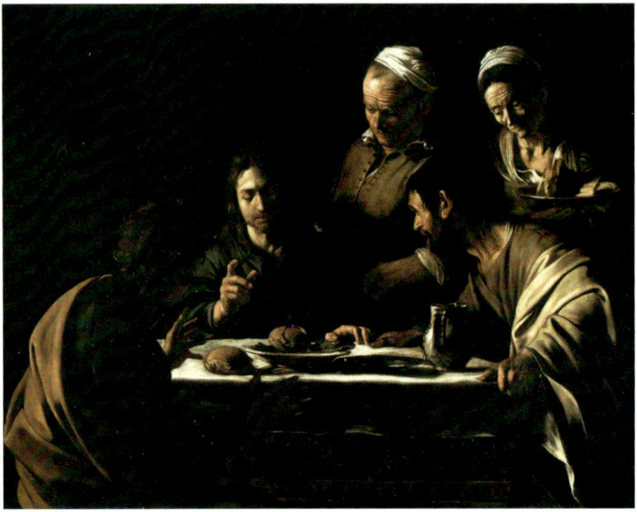

8 Caravaggio: Das Emmausmahl,
Pinacoteca di Brera (Mailand), 1606

Als Erstes eröffnet Caravaggio ein Bankkonto, um einen üppigen Vorschuss zu verwalten. Er malt mehrere Altarbilder und sakrale Gemälde – verhaltener als in Rom, in noch erdigeren Tönen, dafür mit mehreren Lichtquellen statt eines einzigen theatralischen Spots. Eine melancholische Ruhe kehrt in seine Malerei ein: Christi Wiederkehr beim Emmausmahl löst bei den Umstehenden Besinnlichkeit statt Aufregung aus (Abb. 8). Abgeschlagene Köpfe wecken nun das Mitleid anderer Figuren. Und wenn der Heiland gegeißelt wird, so leidet kein Held, sondern ein nicht ganz schlanker, versehrter Mann mit frierenden Brustwarzen.

Nicht mehr die Tat steht im Mittelpunkt, sondern das Opfer. Verletzlich ist der Mensch – und das Leben endlich.

Caravaggio hat gelernt, dass er nicht vor Niederlagen gefeit ist. Aufgeben will er dennoch nicht. Vielleicht wird man ihm in Rom vergeben, wenn er endlich wirklich dazugehört. Wenn er es schafft, von den Adligen als ebenbürtig angesehen zu werden. Ein Weg dorthin führt über Malta, den Sitz des Ritterordens: Der Dienst als Christusritter ersetzt weltliche Strafen, weshalb wohlhabende Familien ihre kriminellen Söhne gern auf die Insel schicken.

Doch leider gibt es dort gerade einen Aufnahmestopp für Schwerverbrecher wie Caravaggio – all die hochgeborenen Gewalttäter, Räuber und Vergewaltiger haben sich gegenseitig aufgestachelt, was sich der Großmeister des Ordens nicht länger bieten lassen will. Deshalb hat er Papst Paul V. um Hilfe gebeten, und der verfügte, dass Totschläger fortan nur mit seiner persönlichen Sondergenehmigung Ritter werden dürfen.

Der Großmeister aber braucht einen neuen Hofmaler. Also nimmt er, vermutlich auf Vermittlung der lombardischen Marchesa, Michelangelo Merisi auf der Insel auf. Der malt ein schmeichelhaftes Porträt des Ordensobersten und macht sich auch ansonsten gut. So gut, dass die Leitung der Malteser den Papst um eine Ausnahmegenehmigung bittet. »Höchst ehrenwert« sei der Maler, heißt es in dem Schreiben, man wolle ihm das Ritterkreuz verleihen, damit er bleibe.

Der Papst ziert sich erst – und gibt dann nach. Seine Begründung: Der Maler sei so begabt wie Apelles, der bedeutendste Künstler der Antike. Für Caravaggio ist das eine doppelte Genugtuung. Er wird zum Ritter ernannt. Und seine

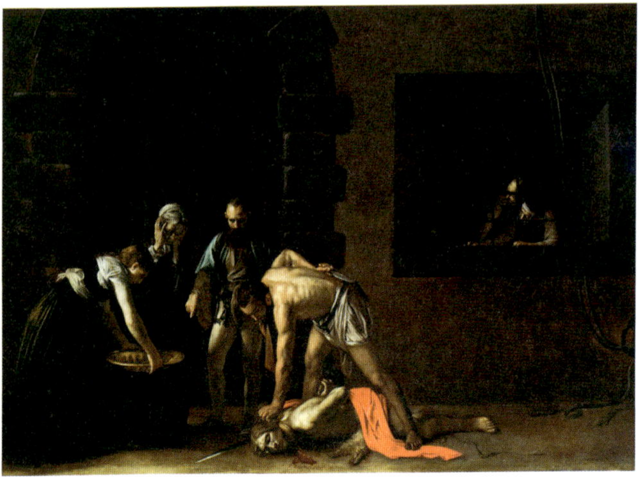

9 Caravaggio: Die Enthauptung Johannes des Täufers, Ko-Kathedrale St. John (Valetta), 1608

Leistung als Künstler zählt mehr als sein Verbrechen: Wer so talentiert ist wie er, der kann sich also doch einiges erlauben.

Am 29. August 1608, sechs Wochen nach Caravaggios Ritterschlag, feiern die Bewohner von Malta das Fest des heiligen Johannes. Im Oratorium der wichtigsten Kathedrale der Insel trifft sich vermutlich an diesem Tag die Gemeinde, um sein neues Altargemälde einzuweihen. Der Vorhang vor dem mehr als fünf Meter breiten Bild wird zur Seite gezogen, und das Spätsommerlicht fällt auf eine Schreckensszene (Abb. 9).

Vor einer langen dunklen Hauswand liegt Johannes der Täufer auf dem Boden und will nicht sterben. Dem Schergen im Auftrag von König Herodes ist es nicht gelungen, den Kopf mit dem Schwert vollständig abzutrennen – jetzt zückt er den Dolch zum finalen Schnitt. Eine Magd hält ein Tablett bereit für das Haupt des Täufers. Mitleid mit dem Schwerverletzten empfinden nur eine alte Frau und zwei Häftlinge, die aus ihrem Kerkerfenster schauen und nichts tun können. Immer mehr Blut rinnt aus der Halsschlagader. Es bildet auf dem Boden erst eine Lache und dann neben ihr die Buchstaben der Künstlersignatur: »fMichelAn«.

Der Schöpfer dieser Szene aber ist an diesem Festtag nicht anwesend: Michelangelo Merisi sitzt wieder einmal hinter Gittern. Zehn Tage zuvor ist er mit einigen Kumpanen durch die Nacht gezogen. Die Gruppe versuchte, die Tür des örtlichen Organisten einzutreten; es kam zum Gerangel, Schüsse fielen. Ein Ritter wurde verwundet. Jetzt hockt Caravaggio in Untersuchungshaft. Sein Gefängnis ist eine alte Burg hoch über dem Mittelmeer. Eine Untersuchungskommission beschäftigt sich mit dem Vorfall. Hoffen lässt der Umstand, dass ihr diverse Auftraggeber und Fürsprecher des Malers angehören. Fürchten lässt, dass auf der Insel zurzeit hart durchgegriffen wird.

Je länger Caravaggio in der Festung eingesperrt ist, ohne Pinsel, Farbtöpfe und Palette, desto unruhiger wird er offenbar. Er befürchtet wohl, dass man ihn diesmal nicht laufen lassen wird. Den römischen Henkern ist er entkommen, soll er sich jetzt auf dieser kleinen Insel verurteilen lassen? Also lässt er es auf einen Prozess nicht ankommen. Er besorgt sich ein kräftiges Seil, vielleicht eines, wie es auf seiner »Enthauptung des Johannes« vor dem Kerkergitter baumelt. Und tatsächlich:

Caravaggio hat mehr Glück als seine Geschöpfe. Nach knapp sieben Wochen Haft findet er am 6. Oktober 1608 einen Weg, sich aus der Gefängnisfestung abzuseilen.

Jetzt muss er möglichst schnell weit weg. Irgendwer lotst ihn auf ein Schiff nach Sizilien – und verleitet Caravaggio so zu jener eigentlichen Straftat, für die er bald darauf aus dem Ritterorden ausgeschlossen wird: Verlassen der Insel ohne Erlaubnis. Das geistliche Gremium, das ihm dafür – und nicht wegen der Schießerei – seinen Titel aberkennt, fasst diesen Beschluss im Oratorium der Kathedrale. Caravaggios sterbender Johannes der Täufer schaut ihnen zu. Rot leuchtet die Signatur des Malers. Der Künstler ist wieder einmal vertrieben. Die Blutspur seiner Kunst aber bleibt.

Nach seiner Flucht von Malta arbeitet Michelangelo Merisi noch mehr als anderthalb Jahre lang erfolgreich für Kirchen und Privatleute erst auf Sizilien, dann in Neapel. Dort wird ihm am 24. Oktober 1609 in einem Ehrengefecht das Gesicht verstümmelt. In der Hoffnung, der Totschlag an Ranuccio Tomassoni würde ihm noch verziehen, reist er im Sommer 1610 Richtung Rom.

Auf dem Weg hält er in dem Küstenort Porto Ercole und malt ein Johannesbild. Doch er bekommt Fieber und kann seinen Weg nicht fortsetzen. Kurz darauf, am 18. Juli 1610, stirbt Michelangelo Merisi im Hospital von Porto Ercole.

Die Details sind nicht überliefert, wohl aber, was dann geschieht: Der Malteserorden erklärt sich zum Erben des verstoßenen Ritters und beschlagnahmt alle Bilder, die Caravaggio auf seiner letzten Reise bei sich trug, um sich in Rom bei einem seiner Unterstützer für die erhoffte Begnadigung zu bedanken. Auch der Vizekönig von Neapel bemüht sich um den Nachlass, kommt aber nicht zum Zug.

Sie alle wissen: Caravaggios Leben mag nicht makellos verlaufen sein, seine Werke aber haben Schule gemacht. Mit seiner Konzentration auf den Menschen und dessen Gefühle hat er bei allem Sinn für Inszenierung die Kunst zurück ins Leben geführt und ihr eine Streitkraft geschenkt, die den Malern des Manierismus und Zeitgenossen wie Caravaggios frühem Chef Giuseppe Cesari abgeht. Stets reizte Merisi die Grenzen des Erlaubten aus und verschob sie so Stück für Stück – damit fachte er die Kunst des neuen Jahrhunderts an, die immer noch streng katholisch ist, aber einen bisher unbekannten ästhetischen Furor entfaltet.

Ein Schein von Wirklichkeit zieht mit Caravaggios Malerei in die Kirchen und Paläste ein, und bald nach seinem Tod verlassen die Bilder ihre Rahmen und ergreifen die Architektur, die Säulen, Decken sowie das Selbstgefühl der Menschen. Michelangelo Merisis Lust, Affekte auf die Bühne zu bringen, verleitet den Betrachter zu Schmerz, Angst, Freude und Liebe.

Der junge Caravaggio lässt das Publikum vor seinen Weingöttern taumeln; die Künstler der weiteren Barockzeit werden klassische Formen aufbrechen, Orientierungssinn und Lebensgefühl der Menschen verwirren – um ihnen dann eine neue Welt des tief empfundenen Glaubens zu bauen. Keine Ekstase ist nun zu pathetisch, kein Gedanke zu sentimental, kein Schrecken zu drastisch. Das geht über Caravaggios betont schlichte Kompositionen weit hinaus, widerspricht ihnen diametral – und ist doch ohne sie kaum denkbar.

Auch sein Konkurrent Giovanni Baglione kann Caravaggios Einfluss nicht aufhalten. Er überlebt ihn um 33 Jahre und schreibt eine Biografie, in der er Merisi als unchristlichen Verbrecher und Vernichter der Malerei charakterisiert. Doch als die Schmähschrift 1642 erscheint, malen bereits in weiten Teilen Europas Künstler im Stil des Lombarden. Viele Maler sind nach Rom gereist, haben in den Kirchen und Palästen Caravaggios Kompositionen studiert, kopieren und variieren sie.

Die Niederländer entdecken, wie gut Caravaggios Tavernen- und Bettlerszenen zu der eigenen Tradition der Alltagsmalerei passen, und bald hängen in zahlreichen holländischen Gasthäusern derbe Szenen im Stil des neuen Michelangelo. In Neapel macht Caravaggios Malerei schon zu seinen Lebzeiten Schule und erfasst von dort aus Spanien. Über den Umweg unzähliger Ateliers, Salons, Gasthäuser und kleiner Kirchen gibt der Schwerverbrecher, der nie für Päpste und große Herrscher malen durfte, seinem Zeitalter ein neues Gesicht.

Es ist eine Fratze. Wie die schreiende, sich aufbäumende Medusa, als die sich Caravaggio einst malte.

Im Schatten der Macht:
Diego Velázquez' Menschenmalerei

Alles war vergebens – die Höflichkeiten, die Arbeitsproben, die guten Kontakte. Von Sevilla nach Madrid ist Diego Velázquez im April 1622 gereist, hat seine junge Ehefrau, die Tochter seines Lehrherrn Francisco Pacheco, sowie die beiden kleinen Kinder zurückgelassen. Sein Schwiegervater hatte zuvor andalusische Landsleute am königlichen Hof in Madrid informiert: Sie sollten sich für seinen Schüler einsetzen, den besten jungen Maler aus ihrer Heimat. Und wie sie für ihn warben! Sie zeigten wohl seine Bilder den Beamten und Günstlingen und raunten seinen Namen in den Palästen.

Und doch sitzt Velázquez nun wieder auf dem Rücken eines Maultieres und reitet zurück gen Südwesten. Die Straßen sind staubig, die Tage lang. Stunde für Stunde rückt der Hof in weitere Ferne.

In Madrid ist der Maler nur ein beliebiger Handwerker aus Andalusien gewesen. Ein 23-Jähriger, der ganz klein aussah vor den hohen Mauern des Escorial, der gewaltigen Palastanlage nördlich der Stadt. Ein Unbekannter, dessen Bilder vielleicht niemals hier hängen würden, zwischen den Gemälden des Venezianers Tizian, auf die der König und dessen Entourage so stolz sind.

Das Maultier trägt den Enttäuschten zurück in die Flusshafenmetropole Sevilla, eine Stadt der schnellen Geschäfte, nicht der wochenlangen Diplomatie. Zurück zu seinem Förderer Pacheco, der ihn als Erstes wohl fragen wird: Hast du ihn gesehen und gemalt? Unseren neuen König, Philipp IV.? Doch alles, was der Meisterschüler vom Königshaus gesehen hat, sind Porträts – die Werke der etablierten Hofmaler.

Francisco Pacheco jedoch ist nicht wütend, als er Velázquez willkommen heißt. Er geht ein und aus bei Hofe; er weiß, wie viele Instanzen dem König vorgeschaltet sind. Wie lang und immer wieder verschüttet die Wege sein können, bis einer dort ankommt, wo er hinwill. Erst recht ein unbedeutender Kleinadliger wie sein Lieblingsschüler. Gebildet zwar, auch des Lateinischen kundig, aber doch nur ein Maler. Ein Diener, dafür da, die Großen gut aussehen zu lassen.

Dann, im Frühjahr darauf, überbringt ein Bote Velázquez einen Brief. Absender ist ein aus Sevilla stammender Kleriker, der den Maler in Madrid herzlich aufgenommen hatte – und kürzlich in den Dienst des Königs getreten ist. Der Geistliche schätzt Velázquez; in seiner Sammlung findet sich »Der Wasserverkäufer«, ein Ölgemälde des Malers (Abb. 10). Vielleicht hat er das am Hof gezeigt. Und als der alte Hofmaler Rodrigo Villandrando im Dezember 1622 stirbt, sorgen die Sevillaner in Madrid dafür, dass Velázquez erneut in die Hauptstadt gerufen wird: Das ist die Nachricht, die der Bote an diesem Frühlingstag des Jahres 1623 bringt.

»Der Wasserverkäufer« zeigt einen Mann, der sein Leben lang hart gearbeitet hat. Furchen durchziehen seine Stirn und seine Wangen, sein Blick ist in sich gekehrt. Der Alte verkauft Trinkwasser aus zwei Tonkrügen – ein lohnendes Geschäft, denn sauberes Wasser ist in Andalusien rar. Ein gut frisierter Jüngling aus besserem Haus nähert sich dem Verkaufsstand. Formvollendet überreicht ihm der Alte das randvolle Glas,

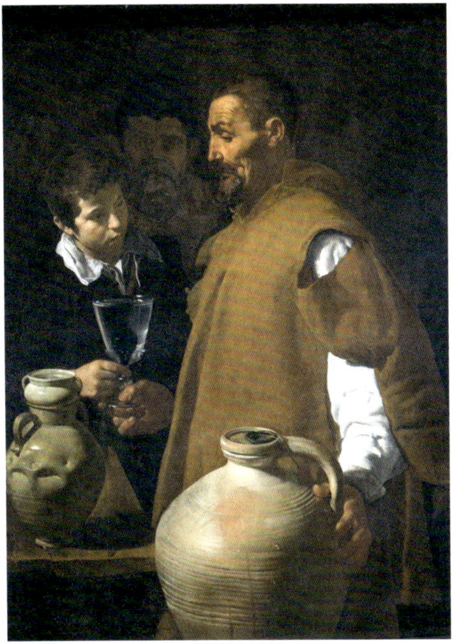

10 Diego Velázquez: Der Wasserträger von Sevilla, Wellington Museum (London), um 1620

der Junge greift umsichtig den Stiel. Für einen Moment berühren sich ihre Finger: Der arbeitende Mann begegnet dem feinen jungen Herrn mit Fürsorge, der bringt ihm Vertrauen entgegen. Beide Seiten wahren dabei jene Distanz, welche die Standesgrenzen verlangen.

Mit Bildern wie diesem trifft der Maler den Geschmack der Regierenden um Philipp IV. Deren Ziel ist es, die spanische Gesellschaft zu einen, um das Königreich als Ganzes zu stärken. Diese politische Linie verfolgt vor allem der Günstling des Königs, der lange in Sevilla gelebt hat und wie ein Erster Minister regiert – Gaspar de Guzmán y Pimentel, genannt nach seiner Grafschaft: Olivares. Auch er hat die Bilder von Velázquez inzwischen gesehen und ist begeistert. Nun wird er zum wichtigsten Förderer des jungen Künstlers.

Graf Olivares, aus ehrwürdiger, doch wenig begüterter Familie, hat sich am Hof hochgedient und dabei viele Feinde gemacht. Der 36-jährige Erzieher des jungen Monarchen ist arrogant, ehrgeizig, streng. Selbst sein Zögling Philipp IV. hat sich, noch als Kronprinz, über seinen herben Charakter beschwert – und zwar, als der Graf eines Morgens gerade das Nachtgeschirr des Jungen abräumte. Demütig küsste Olivares daraufhin den Topf und verließ still den Raum.

Inzwischen jedoch genießt er das volle Vertrauen Philipps IV. Der Monarch, der seit zwei Jahren auf dem Thron sitzt, überlässt seinem Lehrer zunehmend alle Entscheidungen über die Politik und sein Auftreten in der Öffentlichkeit. Olivares wählt die Lektüre des Königs aus, hilft ihm beim Ankleiden. Zudem ist er Philipps Rittmeister, und so kann er seinen Herrn bei jedem Ausflug begleiten und immer ein Auge auf ihn haben. Der König ist ein launenhafter und lebenslustiger junger Mann; er liebt die Jagd, die Galanterie und das Theater. Bei offiziellen Anlässen aber gehorcht der 18-Jährige seinem Lehrer und bewahrt Haltung. Bald steht Philipp in Gesprächen wie eine Statue da und bewegt dabei außer den Lippen keinen Muskel.

Olivares möchte, dass alle Untertanen zum König aufschauen und die übrigen europäischen Monarchen ihn fürchten.

Der Graf will Spanien gründlich reformieren. Das Land ist verarmt, der höhere Adel verprasst das Geld, die regionalen Herrscher interessieren sich nicht für die Belange des Reiches. Um das Land zu einen, plant er, Steuern zu vereinheitlichen, die Verwaltung zu zentralisieren und ein gemeinsames Heer aufzustellen. Teilreiche wie Aragón und Katalonien sollen sich stärker an den militärischen Ausgaben beteiligen – die rasant steigen, seit der Unabhängigkeitskampf der Niederlande wieder aufgeflammt ist.

Hohe Adlige entfernt Olivares vom Hof, indem er sie in Positionen irgendwo im Weltreich einsetzt oder auf diplomatische Missionen schickt; niedere Adlige sollen die Chance erhalten, sich im Militär hochzudienen. Zur Überwachung der öffentlichen Moral setzt Olivares ein Kontrollgremium ein, die Junta de Reformación: Männer dürfen nicht mehr mit ihrem Reichtum prunken und goldbestickte Stoffe tragen, auch die aufwendig gestärkten weißen Spitzenkragen sind verboten. Diese Anordnungen sollen Neid unterbinden und den sozialen Frieden sichern. Viele korrupte Beamte des alten Regimes entlässt Olivares und holt stattdessen aufstiegswillige junge Leute nach Madrid – gern aus Sevilla. So kommt es, dass Velázquez' andalusische Fürsprecher am Hofe schließlich Gehör finden. Offenbar gefällt Olivares der feierliche Naturalismus des jungen Malers. Und auch, dass der keine Hausmacht bei Hofe besitzt, dürfte ihm zupasskommen.

Diego Velázquez stammt aus einer portugiesischen Einwandererfamilie, die dem niederen Adel angehört und so wenig Geld hat, dass der Vater seinen ältesten Sohn Diego nach einer kurzen humanistischen Schulbildung mit elf Jahren in die Malerlehre schicken muss. Der Heranwachsende macht das Beste aus dem einfachen Handwerksberuf: Wie sein Lehrherr Pacheco versteht er die Malerei als gelehrte Kunst. Als eine Kunst, die auch einer Küchenmagd oder einem Straßenverkäufer die Aura biblischer Figuren zu verleihen vermag – in betont schlichten Bildern, die den Blick mit Licht und Schatten auf das Wesentliche lenken.

Wie wäre es, denkt sich Olivares nun womöglich (hierüber fehlen Zeugnisse), wenn auch der König so gemalt werden würde: bescheiden und dennoch Respekt einflößend? Unaufdringlich und von christlicher Überzeugungskraft? Der Graf, Propagandist einer neuen Strenge und Genügsamkeit, erkennt in dem Mann aus Sevilla den zukünftigen Maler seines Herrn.

Nachdem Velázquez den Brief erhalten hat, eilt er nach Madrid. Dort wohnt er bei seinem Unterstützer, dem Geistlichen. Der sitzt ihm Modell für ein Porträt, das auf den König und seinen Minister großen Eindruck macht.

Am Hof soll Velázquez als Erstes Philipp IV. porträtieren – so verfügt es Olivares. Doch einen Termin für eine Sitzung erhält der Maler zunächst nicht. So hat er Zeit, die königlichen Sammlungen zu besuchen und durch die staubtrockenen, vor Kot stinkenden Straßen zu schlendern – wie viele Bürger aus der Provinz, die in der Hauptstadt der Bürokraten monatelang auf wichtige Papiere oder einen Prozess warten. Es muss dem jungen Mann wundersam erscheinen, dass er tatsächlich bis ins Innere des Alcázar vorgedrungen ist, des wuchtigen Palastes der königlichen Familie. Schon kleine Anliegen, etwa der Pensionsanspruch eines Kommandeurs, scheitern in

Madrid häufig an unwilligen Verwaltungsbeamten und sich widersprechenden Bestimmungen.

Im August 1623 ist es so weit: Seine Majestät sitzt dem Mann aus Sevilla Modell. Olivares, den Velázquez bis dahin nur vom Hörensagen kennt, betritt das königliche Gemach und lobt die Arbeit des Malers: Nie zuvor sei Philipp IV. so wahrhaftig porträtiert worden! Velázquez möge doch bitte am Hof bleiben. Dann werde kein anderer Künstler je ein offizielles Bildnis Philipps malen dürfen – mehr noch: Alle inoffiziellen Königsporträts, die in der Stadt kursierten, würde er einsammeln lassen.

Zwei Monate später tritt Velázquez seine Stelle als Hofmaler an; er bekommt 20 Dukaten Monatslohn und eine Extrazahlung für jedes fertige Bild. Damit ist der 24-Jährige der jüngste und am besten bezahlte der vier Maler im Palast. Er hat über Nacht die Chance bekommen, das neue Image des Königs zu prägen.

Nie zuvor hat der Hof solche Hoffnungen in einen spanischen Maler gesetzt. Philipps Urgroßvater Karl I. verehrte den Venezianer Tizian. Karls Sohn Philipp II. ließ italienische Künstler wie den Genuesen Luca Cambiaso anreisen, um den Escorial auszumalen. Nun jedoch, zwei Generationen später, sind der König und sein fast allmächtiger Minister so selbstbewusst, dass sie der spanischen Malerei vertrauen.

Velázquez gibt der siegesgewissen Aufbruchstimmung zwei Gesichter: das jugendliche Antlitz des Königs (Abb. 11) und das lebenserfahrene seines Ersten Ministers (Abb. 12) mit mächtig ausladendem Schnurrbart. Beide Männer sind auf

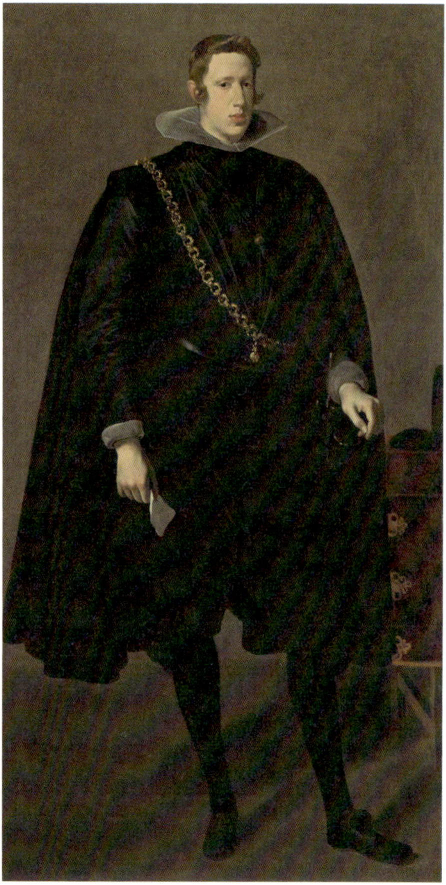

11 Diego Velázquez: Porträt des Königs Philipp IV., Metropolitan Museum (New York), 1624

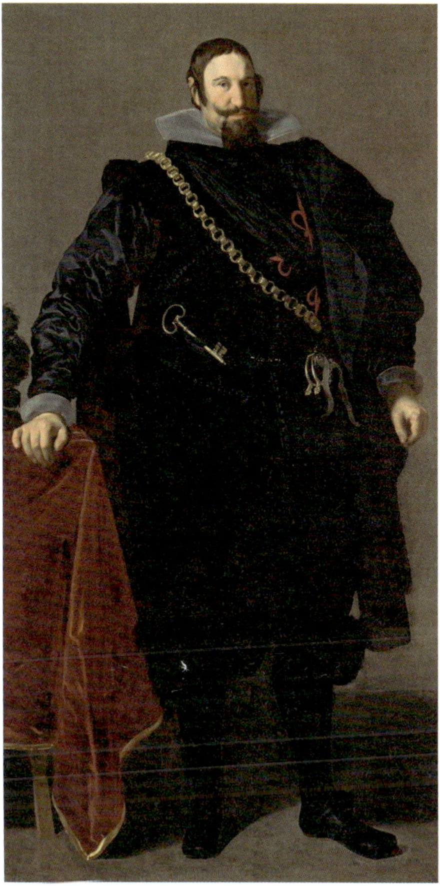

12 *Diego Velázquez: Porträt des Gaspar de Guzmán, Herzog von Olivares, Museo de Arte (São Paulo), 1624*

den ersten großen erhaltenen Porträts, die der Maler erschafft, leicht überlebensgroß von Kopf bis Fuß zu sehen, sie blicken ernst, tragen Schwarz und stehen in einfachen Zimmern. Beide wirken diszipliniert.

Und doch unterscheiden sich die Figuren fundamental voneinander. Der König steht frei im Raum, als habe er keinen Halt nötig. Sein Premierminister dagegen stützt sich auf einen mit rotem Samt gedeckten Tisch. Er kommt nicht ohne Statussymbole aus: In seinem Gürtel stecken der goldene Schlüssel, die Insignie des ersten Kammerdieners, und die Sporen als Symbol seines Rittmeisteramtes. Das rote Kreuz des Calatrava-Ordens prangt auf seiner Brust.

Philipp dagegen ist kaum prächtiger ausgestattet als ein Kaufmann. Er braucht freie Hand, ein Zepter würde nur stören. Lediglich ein Zettelchen hält er in der Rechten, wohl eine Anweisung an seinen Minister. Dieser König, suggeriert sein Maler, glänzt durch innere Werte und äußere Zurückhaltung.

Olivares lässt solche Bilder malen und im Palast aufhängen, damit der König und sein Hofstaat täglich an ihre Rollen erinnert werden. Bald schon werden manche Porträts auch in der Öffentlichkeit ausgestellt, auf dass ein jeder sehe, von welch vorbildlichem Charakter die Herrscher sind. Und wann immer es Kriegserfolge zu feiern gibt, werden gemalte Konterfeis Philipps durch die Straßen getragen und in Kirchen gezeigt.

Boten bringen das Bildnis des Königs sogar in die Ferne: Schon bei Philipps Ernennung mussten etwa in Peru die dortigen Eliten in Lima vor einem Thron mit seinem Konterfei knien. Selbst bei befreundeten Fürsten präsentiert sich der Monarch mit seinem neuen Image und schenkt ihnen Porträts von sich, die das Bild vom besonnenen Regenten in der Welt verbreiten sollen.

Velázquez verherrlicht das von Olivares verkündete Ideal der Bescheidenheit wohl nicht ungern, denn dies erlaubt ihm ungewöhnliche Freiheiten: Er darf seinem nüchternen, realistischen Stil treu bleiben. So treu, dass Philipp IV., der schlanke Habsburger mit dem schütteren Haar und der langen Nase, sich in späteren Jahren kaum noch vor die Staffelei traut. Er möge sich nicht gern dem kalten Blick des Malers aussetzen, merkt er an, denn Velázquez lasse ihn auf den Porträts schonungslos altern.

Der Aufsteiger aus der Provinz ist dabei kein Rebell – als Angestellter gehört er zur *familia* seines Herrn und tut stets wie ihm befohlen: hängt unter anderem Bilder anderer Maler im Escorial auf oder wählt die königliche Garderobe aus. Doch wenn es um seine Kunst geht, tritt der von Olivares beschützte Velázquez wie ein freier und unabhängiger Künstler auf, allein seinen Einfällen und seiner Beobachtungsgabe verpflichtet.

Er malt grinsende Trunkenbolde, schwitzende Arbeiter, einen in sich zusammengesunkenen Jesus mit gefesselten Händen. Niemand sonst nimmt sich so viel Freiheiten am Königshof, an dem eigentlich ein besonders strenges Zeremoniell herrscht, das jede spontane Handlung unterbindet. So dürfen die Höflinge und auserwählte Standespersonen einmal pro Woche zuschauen, wie der König in seinen Prunksälen im Alcázar speist – und dieses Essen wird zelebriert wie sonst nur das heilige Abendmahl.

In prächtiger Kulisse vor flämischen Wandteppichen und

Gemälden von Tizian und Rubens kniet bei solchen Gelegenheiten der Oberhofmeister in Erwartung Seiner Majestät. Gemessenen Schrittes erscheint der Monarch im Saal, der ranghöchste Prälat segnet die festliche Tafel, der König nimmt Platz. Neben ihm steht der Hofmarschall mit seinem Zeremonienstab und überwacht die Etikette. Der Mundschenk präsentiert dem Leibarzt den Wein, dann schreitet er vom Anrichtetisch zur Tafel – in Begleitung zweier Amtsträger, die ebenfalls Zeremonienstäbe halten.

Kniend überreicht er dem König den Kelch. Philipp trinkt wortlos. Anschließend darf der Brotverwalter ihm die Serviette reichen, damit er sich den Mund abtupfen kann. Das Privileg, dem König die Brotkrumen vom Gewand zu entfernen, steht dagegen dem Tafelmeister zu. Am Hof weiß jeder, was er zu tun hat – und auch, was er morgen, übermorgen, den Rest seines Lebens tun wird. Velázquez hat es nie öffentlich gesagt, doch ein solch zwanghaftes Reglement muss ihn befremden. Schließlich interessiert ihn in seinen Gemälden das Ungewohnte, der überraschende Augenblick.

Und so durchstreift er die riesigen königlichen Paläste auf der Suche nach immer neuen, passenden Motiven für seine Kunst. Was er findet, sind Narren und Kleinwüchsige. Die Possenreißer und kleinen Menschen am Hof werden gut bezahlt, einige haben sogar eigene Diener. Manche werden »Don« genannt, wie Don Sebastián de Morra, den Velázquez vermutlich 1644 porträtiert (Abb. 13). In den Augen der Zeitgenossen sind sie lebende Kuriosa, professionelle Zeitvertreiber – und kommen der königlichen Familie so nahe wie nur deren engste Kammerdiener und Zofen.

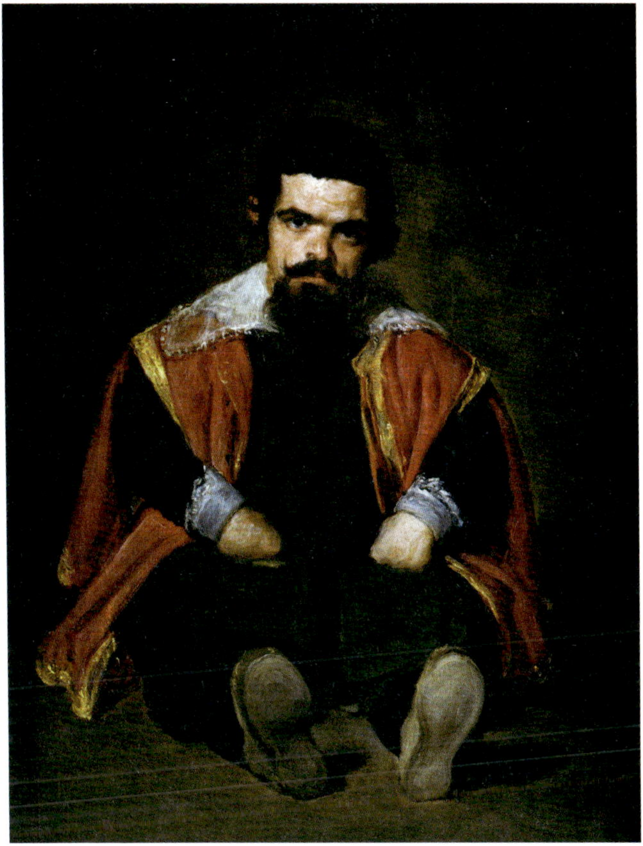

13 Diego Velázquez: Porträt des Don Sebastián de Morra, Museo del Prado (Madrid), 1644

Narren und Kleinwüchsige dürfen all das, was anderen Höflingen verboten ist: beim Essen reden, laut lachen, Grimassen schneiden. Sie erzählen dem Herrscher, was auf der Straße über ihn geredet wird. Für die Regierung ist das nützlich: Olivares und seine Kollegen können die Ratschläge der klugen Narren annehmen; sie können aber auch nur lachen und so tun, als stecke in den Scherzen keine Wahrheit.

Velázquez mag die Spaßmacher, die alle Regeln außer Kraft setzen. Später werden sie sein bevorzugtes Motiv. Keinen von ihnen malt er als lächerliche Figur. Sondern er zeigt sie im Ganzkörperporträt – so, wie seit den von Tizian gemalten Bildnissen Karls V. vor allem Herrscher ins Bild treten. Einem Kleinwüchsigen, der sich »Der Philosoph« rufen lässt, legt Velázquez um 1645 einen schweren Folianten auf den Schoß. Der schwarz gekleidete Mann blättert darin und schaut den Betrachter mit wissendem Blick aus tiefdunklen Augen an.

1627 gewinnt Velázquez am Hof einen Wettstreit mit anderen Malern über die Vertreibung der Mauren aus Spanien. Zum Lohn befördert ihn der Herrscher in den Kreis seiner persönlichen Diener und gewährt ihm Kost, Logis, kostenlose Arztvisiten und Kleidung. Kurz darauf ist der flämische Maler Peter Paul Rubens zu Gast im Alcázar, um politisch zwischen Spanien und England zu vermitteln und die stetig wachsende Kunstsammlung zu studieren. Dem welterfahrenen und gebildeten 51-Jährigen gefällt der schlichte Stil des jüngeren Kollegen. Die beiden Künstler besuchen gemeinsam die Galerien im Escorial mit den italienischen Altmeistergemälden und freunden sich an.

Rubens lobt den Sevillaner vermutlich in Gegenwart Philipps IV., was diesen noch mehr für Velázquez einnimmt: Schließlich will er nicht nur die spanische Kunst fördern, sondern europaweit mit seinem Geschmack glänzen. Deshalb schicken der König und sein Minister ihren berühmten Künstler schon bald auf eine Bildungsfahrt nach Italien, wo er nach Belieben reisen, schauen und malen darf.

Während Velázquez seine Freiheit in Venedig und Rom genießt, eskaliert um 1629 in seiner Heimat eine politische Krise. Der Staat hat bereits 1627 seinen Bankrott erklären (nicht zum ersten Mal) und die Rückzahlung seiner Schulden einstellen müssen; alle Gläubiger gingen vorläufig leer aus. Im Jahr darauf kaperten aufständische Niederländer die mächtige und berühmte spanische Silberflotte aus den amerikanischen Kolonien, sodass nun kein neues Geld ins Land kommt – die protestantischen Rebellen dagegen verfügen jetzt über umso größere Mittel für ihren Unabhängigkeitskrieg. Und ein Konflikt mit Frankreich um die Vorherrschaft in Norditalien verschlingt zusätzlich immense Geldsummen.

Olivares gerät unter Druck. Die prunksüchtigen Hochadligen haben seine Sparpolitik immer verabscheut, jetzt sehen sie ihre Stunde gekommen. Im Juni 1629 spielen sie dem König ein anonymes Manifest zu: Der Minister ruiniere das Reich mit seinen nutzlosen Reformvorhaben, seiner Finanzpolitik, dem Krieg gegen Frankreich. Er habe Philipp IV. zu einem »Zeremonienkönig« degradiert. Der Monarch solle seinen Günstling entlassen und selbst die Kontrolle im Staat übernehmen – so, wie es auch sein Großvater und Urgroßvater getan hätten.

Die Vorwürfe gegen seinen Erzieher kümmern Philipp wenig. Doch er selbst nur ein »Zeremonienkönig«? Ein ohnmächtiger Herrscher, der dem Erbe Philipps II. und Karls I. nicht gewachsen ist? Das trifft ihn in seinem Stolz.

Seit Philipp im Alter von 22 Jahren kurz, aber sehr schwer erkrankt ist, quält ihn die Vorstellung, der Himmel sei ihm wegen seiner Jugendsünden und seiner Leidenschaft für das Theater und die Schauspielerinnen nicht gewogen. Nun will er es allen zeigen: Sobald ein Sohn geboren und die Erbfolge gesichert ist, will Philipp selbst gegen die Niederlande ins Feld ziehen.

Am 17. Oktober 1629 bringt die Königin Isabella ihren ersten Sohn zur Welt, Baltasar Carlos. Ihr Gatte sieht darin einen himmlischen Wink: Gott hat seinen Schwur gehört und belohnt ihn mit einem Thronfolger. Auf nach Flandern!

Olivares ist entsetzt. Der Monarch, für dessen Ruhm er alles geopfert hat, will scheinbar sinnlos sein Leben riskieren. Philipp mag ein guter Hirschjäger sein, vom Krieg aber versteht er nichts. Sollte der Habsburger sterben, würde wohl ein Bruder Philipps für den gerade geborenen Thronfolger die Regentschaft übernehmen – und Olivares wahrscheinlich entmachten.

Unter Vorwänden bringt der Minister den König von seinen Feldherrenträumen ab: Man müsse erst die nächste Silberflotte abwarten, und wie stehe es um die Gesundheit Seiner Majestät? Philipp, leicht zu verunsichern, gibt nach. Und empfindet dies zugleich als Schwäche. Trotzig bricht er zu einer anderen Reise auf – nicht so weit weg und weniger gefährlich: Seine Schwester Maria heiratet den ungarischen König; er begleitet sie ein Stück des Weges durch Spanien.

Olivares rechnet nach einem Tag mit der Rückkehr des Monarchen nach Madrid. Tatsächlich aber bleibt der König drei Wochen lang weg. Reist mit seiner Entourage quer durchs Land und kommt bis Saragossa. Es ist seine symbolische Unabhängigkeitserklärung gegenüber dem einstigen Erzieher. Der will den König fortan um jeden Preis in Madrid halten. Philipp soll sich künftig auch nicht mehr bescheiden geben, sondern in aller Pracht die Macht des Landes repräsentieren. Kunst und Prunkgebäude sollen der Monarchie in Madrid zu neuem Glanz verhelfen. Der Habsburger müsse das Gefühl bekommen, der mächtigste und glorreichste König zu sein, den Spanien jemals gehabt habe, schreibt Olivares einem Vertrauten. Der Graf will mit seinem ambitionierten Reformprogramm brechen, den vergnügungssüchtigen Hochadel befrieden sowie den auftrumpfenden Franzosen zeigen, wie wohlhabend die spanische Großmacht ist.

Die alte Burg, der Alcázar, ist zu düster für so ein radikal neues Unterfangen. Ein heiteres und großzügiges Symbol muss her. Olivares stößt im Osten Madrids auf die Parklandschaft El Retiro mit dem Kloster San Jerónimo, in dem schon Philipp II. zu meditieren pflegte. Der Premier lässt es zu einem gigantischen neuen Palast umbauen, dem Schloss Buen Retiro. Schon bald schleppen bis zu 1600 Bauleute Steine heran und ziehen lange Wände um geräumige Innenhöfe, errichten auch ein Theater. Im Prachtbau Buen Retiro wird der Sinneswandel am Hof Architektur – und Velázquez hat nach seiner Rückkehr Anfang 1631 aus Italien viel zu tun.

Er malt alles: Olivares als Reitlehrer des Kronprinzen, biblische Szenen und Andachtsbilder, Ruhmesgemälde wie die feierliche »Übergabe von Breda«, die einen militärischen Erfolg gegen die Niederländer verherrlicht. Seine Narrenbilder hängen nun im Treppenhaus, auf dass sie die Familie belustigen.

Olivares aber will den König im neuen Palast nicht nur zerstreuen, er will auch dessen Selbstbild formen. Also lässt er den repräsentativen Salón de Reinos, den Saal der königlichen Reiche, von den Hofmalern und anderen Künstlern mit zwölf Schlachtenbildern bestücken. Durch die Bilder stürmen erfahrene Feldherren des Reiches, die ihre Soldaten zielsicher zum Sieg führen. Die Botschaft ist überdeutlich: Seht her, Hoheit, dies sind die Experten. Eure Aufgabe aber, mit Verlaub, ist eine andere.

Der König soll fest im Sattel sitzen und die Zügel in der Hand halten. Dies dem Monarchen und allen anderen vorzuführen, ist der Auftrag des Diego Velázquez. Für die Stirnseite des Raums malt er Einzelbildnisse der königlichen Familie zu Pferde. Der König gibt seinem Fuchs die Sporen. Er reitet nicht in die Schlacht, sondern dem Bildnis der Königin entgegen, die ihren Schimmel im Schritttempo führt. Hoffnungsträger ist der kleine Kronprinz, der vor freier Landschaft ungestüm auf den Betrachter zugaloppiert.

Doch es hilft nicht. Jenseits der Gartenanlage zerfällt das Reich: Portugal erklärt 1640 seine Unabhängigkeit; die Katalanen rebellieren gegen die Zentralmacht und unterstellen sich zeitweise dem französischen König, der nun offenen Krieg gegen Spanien führt. Selbst in der Kernregion Kastilien kursieren regierungskritische Flugblätter. Philipp kann Olivares schließlich nicht mehr halten. Auf Druck des Hochadels schickt er seinen Ersten Minister nach mehr als 20 Jahren an der Spitze des Staates vom Hof.

Als gebrochener Mann verlässt der 56-Jährige, der an rasenden Kopfschmerzen und Schwindelanfällen leidet, am 23. Januar 1643 Madrid und lässt sich bald in dem Städtchen Toro nahe der Grenze zu Portugal nieder. Die Nervenkrankheit verschlimmert sich; er verliert seinen scharfen Verstand und stirbt nur zwei Jahre später. Spaniens Machtzerfall aber vermag die Entlassung nicht aufzuhalten. 1647 und 1652 muss sich der Staat erneut für bankrott erklären. Nicht einmal der Friedensschluss mit den Niederlanden 1648 lindert die wirtschaftliche Not.

Die Krise erreicht auch den Hof – an dem die Stimmung seit dem Pockentod des jugendlichen Thronfolgers Baltasar Carlos 1646 gedrückt ist. An manchen Tagen kann der Brotverwalter Philipps IV. keinen Laib brechen, weil die Bäcker nicht geliefert haben: Sie wurden zu lange nicht bezahlt. Die Königin muss auf feines Gebäck verzichten, und der König bekommt an Fastentagen nur noch Eier serviert – frischer Fisch ist wegen der langen Transportwege über Land zu teuer.

Auch Velázquez leidet unter der Mangelwirtschaft, seit er 1651 von seiner zweiten Italienreise zurückgekehrt ist. Wie anders war das Leben in Italien: Dort hofierten ihn die regionalen Herrscher, die von ihm porträtiert werden wollten und dafür lange Wartezeiten in Kauf nahmen. Selbst Papst Innozenz X. saß ihm Modell (Abb. 14): Velázquez malte ihn mit Knollennase und stechendem Blick – der Heilige Vater erscheint bei

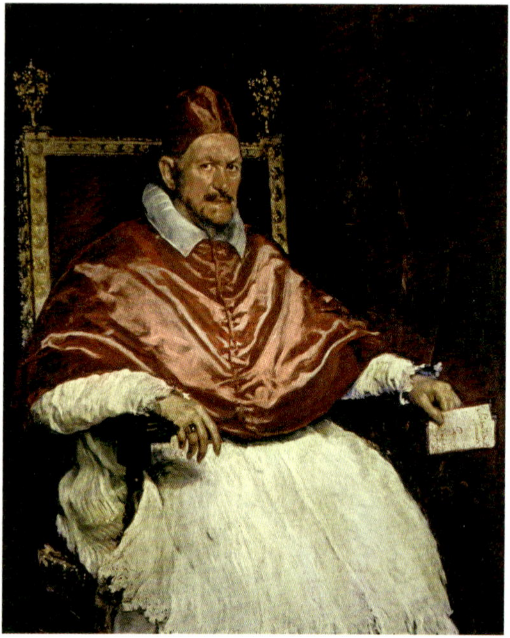

14 Diego Velázquez: Porträt des Papstes Innozenz X., Galleria Doria Pamphilj (Rom), 1650

ihm als ein Mann, der seine Umgebung ebenso scharf beobachtet wie sein spanischer Porträtist. Als »troppo vero«, zu wahr, empfand Innozenz das ungeschönte Bildnis, bedankte sich aber mit einer Medaille.

Gern wäre Velázquez länger in Italien geblieben; monatelang zögert er seine Heimreise hinaus, allen Weisungen und Mahnungen des Königs zum Trotz. Zurück in Madrid, wird er zwar zum Oberhofmeister ernannt und darf beim Essen des

Königs niederknien – doch es kommt nun vor, dass er mehr als ein Jahr lang nicht entlohnt wird.

Seine Diener streiken, weil sie keinen Sold bekommen; nicht einmal mehr der Ausfeger kommt zum Putzen der Gemächer. Noch schlimmer: Zu Velázquez' Aufgaben gehört es, die Kamine in den persönlichen Räumen des Königs heizen zu lassen, doch ihm fehlt Geld für das Holz. Überdies verliert Philipp IV. das Interesse an der Kunst seines ersten Hofmalers.

Olivares hatte in den Porträts immer auch erzieherische Vorbilder für Philipp gesehen: Der König sollte so würdevoll und souverän werden, wie es seine Bildnisse bereits waren. Doch damit ist es nun vorbei: Niemand mehr drängt Philipp zu den ungeliebten Porträtsitzungen. Statt zu malen, möbliert Velázquez Residenzen, dekoriert Festtafeln und überwacht beim Essen die Etikette.

In dieser Zeit entwickelt der Maler ein neues Lebensziel: Er, der Kleinadlige, will in einen hoch angesehenen Ritterorden aufgenommen werden. Da er den adligen Stand seiner Vorfahren nicht zweifelsfrei nachweisen kann, holt er zwei Schreiben des Papstes ein, der sich für ihn ausspricht.

Eine zweite Bedingung für das Adelsprädikat aber ist, dass der Bewerber keine handwerkliche Lehre absolviert und nie für Lohn gearbeitet hat. Velázquez benennt daraufhin 148 Zeugen, die genau das beeiden sollen. Aus Sevilla reisen Werkstattkollegen aus der Zeit bei Pacheco an, um zu Protokoll zu geben, dass er sich nie habe bezahlen lassen. Ein Handwerker, der große Velázquez? Niemals! Stets habe er nur zu seinem Vergnügen gepinselt und um dem lieben Gott sowie dem König zu gefallen. Dank der Lügen seiner Freunde wird der Maler 1659 in den elitären ritterlichen Santiago-Orden aufgenommen.

Und da ihn der König immer seltener als Künstler braucht, arbeitet Velázquez nach eigenen Vorstellungen in seiner Werkstatt, die er sich in den hohen Räumen des verstorbenen Kronprinzen im Alcázar hat einrichten dürfen.

Seit einiger Zeit schon malt er in seiner freien Zeit so, wie es ihm gefällt. Etwa das Gemälde »Die Sage der Arachne (Die Spinnerinnen«): Es zeigt einfache Frauen, die Wolle kämmen, sie am Rad zu feinem Garn spinnen und dann zu dicken Knäueln wickeln (Abb. 15). Die Hände der Arbeiterinnen bewegen sich flink und gekonnt – wie auch die ihres Malers: Er erfasst die Szene in schnellen, flüchtigen Pinselstrichen, was erst die Impressionisten im 19. Jahrhundert wieder wagen werden.

Die Bewegung des surrenden Spinnrades fängt er mit hingeworfenen Lichtreflexen ein. Wie sein Vorbild Tizian schreckt er nicht davor zurück, das Gemälde in Farbtupfer beinahe aufzulösen. Dieses Werk muss niemanden repräsentieren, deshalb kann der Maler es sich leisten, die Figuren nicht kleinteilig wiederzugeben, sondern sich auf das Wesentliche zu konzentrieren: die Dynamik der handwerklichen Arbeit. Dies ist das Lebensthema des Mannes, der seine Karriere mit der Würdigung von Straßenhändlern begann, seiner Fingerfertigkeit den Aufstieg zum großen Künstler verdankt und nun am Ende seines Lebens den Beruf verleugnen muss, um als adliger Müßiggänger anerkannt zu werden.

Wenn er nur mehr Zeit für solche Gemälde hätte. Doch die Königsfamilie schickt ihn herum wie einen Boten. Der Ritter-

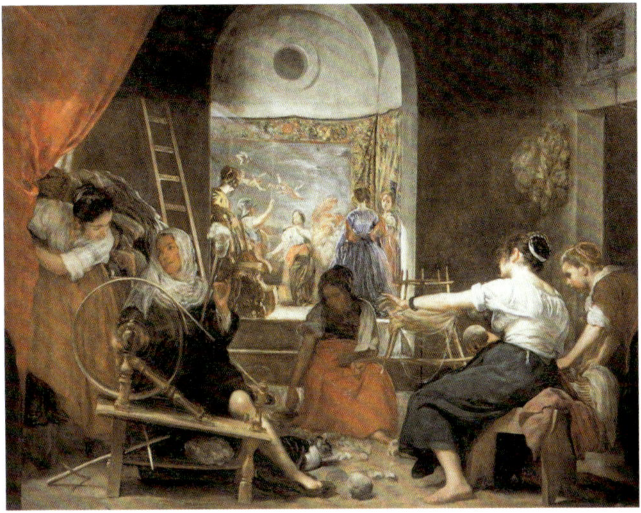

15 Diego Velázquez: Die Sage der Arachne (Die Spinnerinnen), Museo del Prado (Madrid), um 1655 bis 1660

stand entbindet den malenden Höfling keineswegs von lästigen Pflichten. So muss er im April 1660 nach Nordspanien auf die Fasaneninsel reisen, wo Prinzessin María Teresa an den französischen König Ludwig XIV. zur Heirat vermittelt werden soll – als Zeichen des Friedens zwischen den beiden verfeindeten Großmächten.

Velázquez kümmert sich um die Ausstattung des spanischen Teils des Hochzeitspavillons, wählt dazu passende Tapisserien aus. Die royale Reisegruppe macht auf der Hinreise an 23 Orten Station, die der Maler alle herrichten lässt. Auch als Philipp IV. seine Tochter am 7. Juni dem französischen Monarchen übergibt, ist der Maler zugegen. Zur Feier des Tages trägt er eine goldene Kette mit dem Zeichen seines Ordens. Sein Anzug ist mit Mailänder Silberspitzen besetzt: Er wirkt eleganter als mancher gebürtige Hochadlige in der Hochzeitsgesellschaft.

Die Reise ist anstrengend, und in Madrid häuft sich derweil die Arbeit am Hof. Nach seiner Rückkehr gönnt sich der 61-jährige Maler keine Pause; er versieht seinen Dienst im Palast und erledigt die Abrechnungen der Reise. Am 31. Juli 1660 aber bricht er plötzlich zusammen; Philipp stellt ihm daraufhin zwei Ärzte und einen Erzbischof zur Seite. Doch Velázquez erholt sich nicht mehr. Eine Woche später stirbt er im Palast. Hofdiener hüllen seinen Leichnam in den Mantel des Santiago-Ordens. Er hat so viele Jahre gearbeitet wie ein armer Mann – beigesetzt aber wird er nun als jener angesehene Adlige, der er immer sein wollte.

Fünf Jahre nach seinem genialen Diener stirbt auch Philipp IV. Gut 44 Jahre hat dieser eher schwache Monarch über ein Weltreich geherrscht, dessen Macht zusehends schwand. Nachdem die Königin gestorben war, hatte er wieder geheiratet, und so übernimmt seine zweite Frau Maria Anna nun vorübergehend die Regentschaft für den erst dreijährigen Sohn Philipps. Der Junge, Karl II., wird der letzte Habsburger auf Spaniens Thron sein.

Die von Velázquez gemalten Porträts überdauern die Habsburger Herrschaft – weil spätere Generationen in dem Maler nicht nur den Königsdiener sehen, sondern den freigeistigen Künstler. Einen Maler, der mit nur wenigen Farben und Formen und sparsamem Pinselstrich Narren klug aussehen ließ und Könige menschlich. Und der seiner Kunst treu blieb, ganz gleich, wie widrig die Umstände waren.

Künstler der Moderne bewundern ihn später dafür: Goya kopiert seine Bilder, und Edouard Manet nennt ihn noch im 19. Jahrhundert den »Maler aller Maler«.

Diese Wirkung verdankt sich auch jenem Werk, das zu den vieldeutigsten der Kunstgeschichte zählt: »Las Meninas (Die Hoffräulein«) (Abb. 16). Hier tritt der Maler selbst ins Bild: In seinem düsteren Atelier steht Velázquez mit seiner Palette hinter einer raumhohen Leinwand und schaut uns mit wachem Blick an – vielleicht aber auch das Königspaar, dessen Silhouette an der Rückwand des Zimmers in einem Spiegel zu erkennen ist und das demnach wie die Bildbetrachter vermutlich *vor* dem Bilderrahmen steht.

Die Verhältnisse haben sich verkehrt: Nicht mehr die Herrscher finden sich im Gemälde wieder und der Maler davor, sondern die Regenten schauen dem Künstler bei der Arbeit zu. Oder wirft der Spiegel an der Rückwand vielmehr das Leinwandbild zurück, vor dem der Künstler mit seiner Palette steht – also ein Doppelporträt von König und Königin? Was er da gerade malt, sehen wir nicht: Velázquez bewahrt sein Geheimnis und lässt die Interpreten bis heute rätseln.

Doch nicht sich selbst stellt Velázquez in den Mittelpunkt des Kunstwerks. Sondern seine Lieblinge: Kinder und Kleinwüchsige, am Hof die Meister der Spontaneität. Im Vordergrund sonnt sich die fünfjährige Prinzessin Margarita in der Aufmerksamkeit fürsorglicher Zofen. Stolz präsentiert das blonde Mädchen seinen mächtigen Reifrock und schaut neugierig aus dem Bild heraus. Eine kleinwüchsige Hofdame tut es Margarita nach; mit ihrem langen Haar und forschen Blick wirkt sie wie das Alter Ego des Mädchens. Neben ihr tollt ein zweiter Kleingewachsener mit dem Hund herum.

Es ist eine lustige Gesellschaft, in der Velázquez sich sieht: Auch wenn er in der Endfassung des Bildes das Abzeichen des Adelsordens auf der Brust trägt – sein Platz bleibt inmitten der volkstümlichen Unterhaltungskünstler, welche die königliche Familie vergnügen.

Vor allem aber ist sein Platz inmitten der Kunst. Bis unter die Decke seines dunklen Ateliers hängen Gemälde der Malerkollegen. Dazwischen leuchtet das Spiegelbild der Regenten. Velázquez scheint ihr Schicksal vorauszusehen. Denn was spätere Generationen von der Königsfamilie erinnern werden, sind nicht ihre Entscheidungen, sondern ist vor allem seine Kunst.

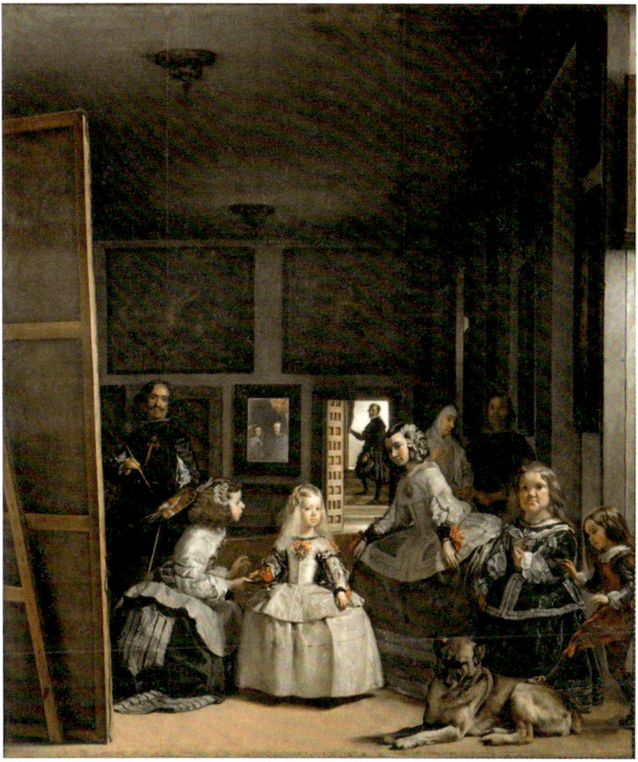

16 Diego Velázquez: Las Meninas (Die Hoffräulein) oder die Familie Philipps IV., Museo del Prado (Madrid), 1656

Im Licht der Macht:
Barocke Leidenschaften in Kirchen und Palästen

Um 1600 ist die Kunst im Himmel angekommen. In den Kirchen erklimmen die Maler haushohe Gerüste und blicken herab auf Altäre, Kruzifixe, Beichtstühle, Priester im liturgischen Gewand und Gläubige in Sonntagskleidung. Das ist die eine Welt, fern und klein. Die andere wächst groß und nah mit jedem Strich, den die Künstler kopfüber an die Decke werfen: Engel wirbeln, Heilige tanzen, grelle Lichtbündel und gemalte Architekturen scheinen das reale Mauerwerk zu sprengen.

Früher sahen die Decken aus wie Gemälde auf Tafeln und in Wandnischen; die Maler teilten die Fläche gern in einzelne Felder, so als hingen Bilderrahmen nebeneinander. Jetzt wollen sie mehr: Kirchen und Paläste in allen drei Dimensionen zum Göttlichen hin öffnen und das Jenseits ins Diesseits holen.

Decken, Mauern, Bilderrahmen – Grenzen aller Art sind dafür da, überwunden zu werden. Nichts ist mehr vor ästhetischem Zugriff sicher. Doch die Kunst der neuen Zeit, die Kunst in der Zeit von Caravaggio und bald auch Velázquez, beschränkt sich nicht darauf, von einem hehren jenseitigen Leben zu erzählen. Sie inszeniert dieses Leben, sofort, im grellen Licht. Die Kunst des Schattens, die der Italiener und der Spanier mit ihrem Gespür für die dunkle Seite des Lebens pflegen, setzt sich dabei nicht immer durch. Zu glorios will die Epoche erst einmal erscheinen, als ein Gesamtkunstwerk des schönen, alle überwältigenden Scheins.

Architekten und Stadtplaner schlagen Sichtachsen in die

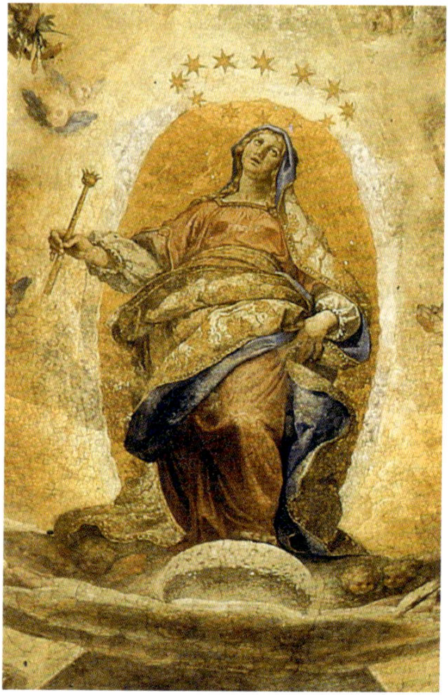

17 Ludovico Cardi (Cigoli): Maria Immaculata in der Kuppel von Santa Maria Maggiore (Rom), Ausschnitt, 1610-1612

Städte, stimmen Prachtbauten aufeinander ab und markieren zentrale Plätze mit antiken Obelisken. Fassaden fügen sich nicht mehr streng und gerade in das Straßenbild, sie schwingen vor und zurück, so, als wollten sie den Passanten ein bewegtes Bühnenbild bieten. Heiligenfiguren thronen über Prozessionen, und sie werden von Maschinen mechanisch in Bewegung gehalten.

Und aus den Pinseln der zahlreichen Maler fließen die neuen Gedanken der Zeit. So erhält der Physiker Galileo Galilei im Oktober 1610 einen Brief, sein Cigoli genannter Künstlerfreund male in der Kirche Santa Maria Maggiore, »in der Spitze der Laterne der Kuppel der Kapelle des Papstes«, eine Madonna auf einer Mondsichel.

Da ganz hoch oben zeigt Cigoli, was der Sternenforscher Galilei in seinem Fernrohr entdeckt hat: einen Mond, der nicht ätherisch und rein ist wie in der christlichen Vorstellung, sondern realistisch pockennarbig, voller Hügel und Krater (Abb. 17). Es war sicher nicht Cigolis Auftrag, Maria die moderne Naturwissenschaft zu Füßen zu legen. Aber er kommt damit durch.

So frei kann die Malerei jetzt sein. Und dann wieder so dogmatisch: Der Jesuit Andrea Pozzo errichtet ab 1685 an der Decke von Sant'Ignazio in Rom eine gigantische Scheinarchitektur mit korinthischen Säulen und antiken Triumphbögen, die sich zu einem rosagelben Himmel öffnet und den Kirchenraum in die Unendlichkeit verlängert (Abb. 18). In der Mitte feuert Christus seine Strahlen auf Ignatius, den Ordensgründer der Jesuiten. Dieser leitet das göttliche Licht an die vier Erdteile weiter, versinnbildlicht durch ausladende Frauenfiguren. Und was machen Europa, Asien, Afrika und Amerika aus diesem Energieschub? »Von einem solchen Lichtstrahl getroffen, werfen sie die abscheulichen Monster des Götzendienstes, der Häresie und anderer Laster von sich«, erklärt Pozzo in einem Brief. So purzeln einige kräftige halb nackte Ungläubige dem Betrachter entgegen und werden wohl gleich neben ihm auf dem Marmorboden zerschmettern.

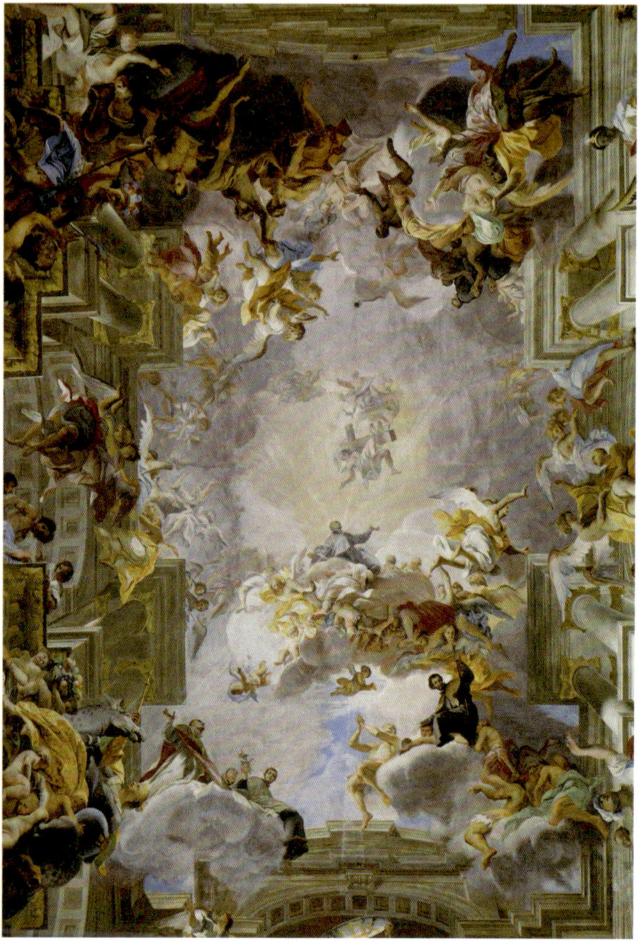

18 Andrea Pozzo: Der Triumph des Hl. Ignatius, Deckengemälde in Sant'Ignazio (Rom), 1694 fertiggestellt

Kämpferisch gibt sich diese Jesuitenkirche. Gnade verlangt Gehorsam, und anders als im Luthertum ist diese im Katholizismus nur über Mittelsmänner zu haben: über die Priester der einen, heiligen, katholischen und apostolischen Kirche. Ebenso unerbittlich ist die Kunst und so autoritär, dass Pozzo dem Kirchengänger mit einer Bodenmarkierung den idealen Standpunkt vorschreibt, von dem aus er das hohe Spektakel still stehend aufnehmen soll. Bloß in Gedanken darf er fliegen: hoch in die Lüfte, dem Licht Christi entgegen, wie die geläuterten Seelen der Toten, denen Engel auf dem Bild zum Aufstieg verhelfen.

An das helle Deckenfresko grenzt eine schattige Kuppel an, die dem Auge nach dem imaginären Höhenflug Schutz bietet. Wenn der Besucher seinen Standpunkt dann doch verlässt und durch die Kirche schlendert, entdeckt er den Trug: Die Kuppel hat Pozzo auf eine flache Decke aufgemalt. Das Spiel mit Stein und Sein funktioniert absichtlich bloß für einen kurzen Moment. Denn kaum bewegt sich der Besucher, erkennt und würdigt er das Deckenfresko als das, was es ist: eine gelungene Inszenierung.

Die Künstler des Barock greifen zu zwei sehr unterschiedlichen Mitteln: der extremen Wirklichkeitsliebe und der virtuosen Täuschung. In beiden Fällen zielen sie auf den größtmöglichen Effekt beim Publikum, das entweder Bekanntes wiederzuerkennen glaubt oder sich in den Sog einer fremden Welt ziehen lässt. So oder so: Die Kunst will Eindruck machen; sie will allen Gläubigen existenziell wichtig sein. Dieses Anliegen, für das zuerst Caravaggio und Velázquez sich starkmachen, ist nicht selbstverständlich in einer Zeit, in der die Malerei sich jahrelang hauptsächlich mit sich selbst beschäftigt hat.

Dies hatte Gründe. Im späten 16. Jahrhundert sollten Künstler den Kampf der katholischen Kirche gegen Protestanten und andere Kirchenkritiker unterstützen. Das Misstrauen der Kleriker gegen eine freie und freizügige Kunst wuchs ins Zwanghafte. Selbst Michelangelos Aktfiguren auf dem »Jüngsten Gericht« in der Sixtinischen Kapelle im Vatikan wurden kurz nach seinem Tod im Jahr 1564 mit Lendentüchern übermalt. Die während der Renaissancejahre so körperbewusste Kunst war ins Visier der Tugendwächter geraten.

Und so scheuten viele Künstler im späten 16. Jahrhundert, vor Caravaggios revolutionärer Wirklichkeitsfeier, den Konflikt mit der Obrigkeit und zogen sich ins kleine Reich der Ästhetik zurück. Sie kappten die Verbindungen zum großen Ganzen und richteten ihren Blick nicht mehr wie zuvor die Renaissancemeister auf die Proportionen der Antike. Es war dabei noch Michelangelo selbst, der im Alter mit seinen kühlen Farben und gestreckten Formen den später so genannten Manierismus angeregt hatte, jene Kunstströmung, die den Stil, *la maniera*, um des Stils willen feierte.

In Michelangelos Nachfolge verloren die Figuren der Manieristen dann ihr Knochengerüst und dehnten ihre überlangen Arme, Beine und Hälse in alle Richtungen, als wären sie aus Wachs – so weit war der Meister nicht gegangen. Kunstvoll sah das aus und manchmal mehr nach Maske als nach Mensch. Verflogen war das Beschauliche der Renaissancejahre. Eine stete Hochspannung ließ die metallisch glänzenden Bilder der Maniera vibrieren, als müsste sich gleich ein Gewitter entladen.

Dieses Gewitter kommt Ende des 16. Jahrhunderts – und es blitzt und donnert rund 150 Jahre lang. Aus der tiefen Glaubenskrise des 16. Jahrhunderts, aus der Reformation Martin Luthers und Johannes Calvins sowie aus der katholischen Gegenreformation wuchern die Glaubenskriege der neuen Zeit, des Barock. Ab 1618 sterben Millionen Soldaten und Zivilisten im Dreißigjährigen Krieg zwischen katholischen und protestantischen Fürsten, bei dem es letztlich keine Gewinner gibt.

Die Sehnsucht nach Ordnung und Verbindlichkeit wächst derweil, und mit ihr die Hoffnungen auf starke Regierungen. Der Vatikan hat in großen Teilen Europas seinen machtpolitischen wie geistigen Einfluss verloren; den meist im hohen Alter gewählten und deshalb oft nur kurz regierenden Päpsten gelingt es nicht mehr, sich als überweltliche Autoritäten zu beweisen, auf die auch Könige hören. Ihren sinkenden Einfluss versucht die Kurie zu kompensieren: in immer spektakulärerer Architektur, Malerei, Skulptur. Gleichzeitig wächst die Macht der weltlichen Herrscher in ihren Reichen.

Frankreichs König Ludwig XIV. übernimmt im Jahr 1661 nach dem Tod seines Ersten Ministers die Alleinregierung und lässt sich von den Künsten als Sonnenkönig verherrlichen. Er schwächt die Aristokratie im Land, indem er viele Hochadlige an seinen Hof in Versailles verpflichtet, wo er sie kontrollieren kann. Auch außenpolitisch strebt Ludwig nach Hegemonie, unter anderem gegenüber dem ebenfalls katholischen Spanien, und verwickelt seine Nachbarstaaten in einen Krieg nach dem anderen.

Besonders betroffen sind die Niederlande, deren südliche Gebiete zu Spanien gehören. In den Handelsstädten der nördlichen Niederlande dagegen etabliert sich ein protestantisch denkendes Bürgertum. Angeregt vom Schattenwurf und der Lebenslust in Caravaggios Malerei, beauftragen diese wohlhabenden Städter Gegenbilder zum höfischen Europa; es entstehen Gemälde, die vom Stolz und den sinnlichen Freuden des urbanen Daseins erzählen.

Viele Maler der protestantischen Provinzen in den Vereinten Niederlanden verachten die Prachtliebe des Adels und beschäftigen sich lieber mit der unmittelbaren Lebenswelt – was auch deshalb naheliegt, weil die bilderfeindlichen calvinistischen Kirchen kaum Großaufträge vergeben.

Jan Vermeer aus Delft malt Hausfrauen, die in ihren beschaulichen Bürgerhäusern kleinen Versuchungen wie dem Lesen von Briefen fremder Männer (Abb. 19) oder dem Weintrinken ausgesetzt sind. Der Leidener Rembrandt van Rijn, der fast nie für Höfe arbeitet, erkundet stets aufs Neue sein eigenes Gesicht. Die Heilige Familie verwandelt er in eine kleinbürgerliche aus dem 17. Jahrhundert. Und selbst eine urinierende Bäuerin erachtet er als bildwürdig. Wie Caravaggio und Velázquez, so sucht auch Rembrandt überall, wie er es einmal ausdrückt, »die größte und natürlichste Bewegung«.

Die Welt- und Heilsgeschichte spiegelt sich im Alltagsleben. Das zeigen die holländischen Meister in allen Facetten, am liebsten den derben und komischen. Begeistert kopieren viele von ihnen Caravaggios Halbwelt, zehren von seinem Ruhm und lassen ihre Figuren zechen oder Geld beiseiteschaffen. Und auch im katholischen Mittelitalien inspirieren Caravag-

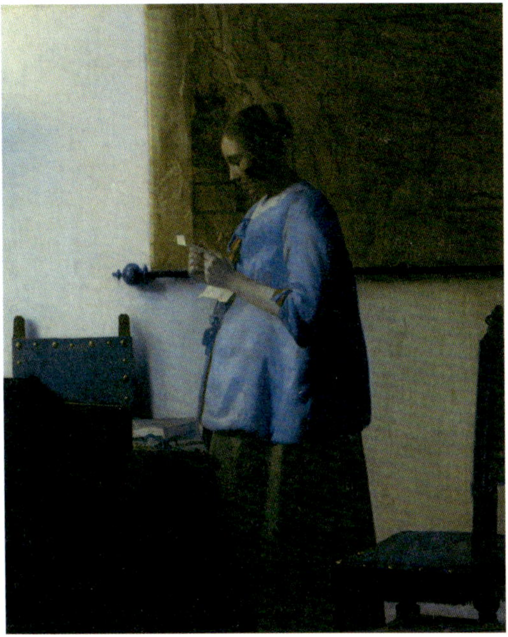

19 Johannes Vermeer: Einen Brief lesende Frau, Rijksmuseum (Amsterdam), um 1663

gios düstere Schattenspiele Künstler und private Bildbesteller. Ins Drastische steigert die Malerin Artemisia Gentileschi die Affekte ihrer Figuren in Szenen wie die der Enthauptung des Holofernes durch die biblische Judith, untermalt mit zielgenauer Lichtführung. Wie niemand sonst versteht sie es, Schmerz, Horror, Angst ins Bild zu setzen, immer an der Grenze des gerade noch Erträglichen.

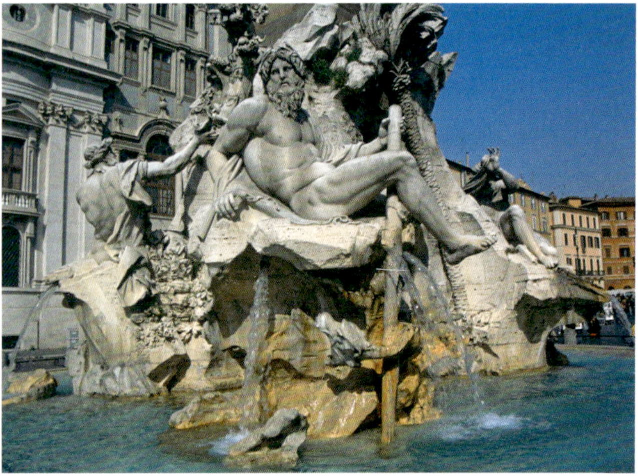

20 Gianlorenzo Bernini: Vier-Ströme-Brunnen (Fontana dei Quattro Fiumi, Detail), Piazza Navona (Rom), 1651

Treibende Kraft der europäischen Kunstentwicklung bleibt im 17. Jahrhundert über eine weite Strecke der Vatikan. Die Gier nach ästhetischer Innovation ist groß in der Ewigen Stadt. Vieles dürfen Künstler ausprobieren, um über den schwindenden Einfluss der katholischen Kirche mit architektonischen und künstlerischen Höchstleistungen hinwegzutäuschen. Und mächtiger als die Angst vor dem Vorwurf der Unzucht und Prunksucht ist der Drang der Päpste, die eigene Familie in den Lauf der Geschichte einzuschreiben.

Der Vatikan ist ja eine Wahlmonarchie – bei jedem Tod eines Heiligen Vaters entscheidet sich im Konklave der Kardinäle neu, welche Familie an die Macht kommt. Fast immer haben die Auserwählten nur wenig Zeit, die Stadt nach ihrem Geschmack zu prägen. Deshalb wählen sie dafür oft nicht die Lieblingskünstler ihrer Vorgänger, sondern deren Konkurrenten oder Künstler aus ihrer Heimatregion. Für den Sieg der Katholiken im Propagandakrieg mit den Protestanten und für ihren eigenen Ruhm investieren die Päpste Millionen in Plätze, Brunnen, Kirchen und Kapellen sowie in die Stadtpaläste und Landvillen ihrer Verwandten. Um 1600 ordnet sich die Stadt in ein stimmiges System von Toren und Sichtachsen, Obelisken und Kuppeln. Wo die Renaissancekünstler noch von Idealstädten auf der grünen Wiese träumten, bauen Architekten der Barockzeit die urbane Realität zur triumphalen Bühne des Katholizismus um.

Viele Kirchen werden groß gebaut, weil die Ordensgemeinschaften der katholischen Reform mächtige Langhäuser mit guter Akustik bevorzugen. Enorme Plätze wie die römische Piazza del Popolo mit ihren ab 1661 errichteten Zwillingskuppeln und Einfallstraßen sind wie gemacht für Ehrenempfänge und Prozessionen. Brunnenfiguren wie die Flussgötter der vier großen Ströme der Welt auf der Piazza Navona erzählen vom Sieg des Papsttums über den Erdball (Abb. 20) – und das im Jahr 1651, als der Vatikan gerade den Westfälischen Frieden zwischen katholischen und protestantischen Fürsten hat hinnehmen müssen, der den Dreißigjährigen Krieg ebenso beendet wie den Anspruch der römischen Kirche auf eine politische Großmachtrolle.

Rom wandelt sich in dieser Zeit zum Theater; und gespielt wird, was den Logengästen gefällt. Wichtigster Regisseur des Jahrhunderts ist der Architekt und Bildhauer Gianlorenzo

Bernini, der den Vier-Ströme-Brunnen auf die Piazza Navona stellt. Bernini führt auch Opern auf: Im Familienpalazzo eines Auftraggebers auf dem Quirinal baut er eine Bühne, gestaltet die Kulissen und schreibt das Libretto für ein Stück.

Der Inszenierungskünstler denkt seine Projekte vom Ergebnis her. Entgegen den sonst üblichen Gepflogenheiten entwirft er meistens erst den Aufriss, also die vertikale Ansicht eines Gebäudes, und dann den Grundriss. Eindruck machen soll ein Haus, so wie sein Schöpfer. Die Ausführung überlässt Bernini anschließend gern technisch versierten Fachleuten.

Mit seinem Sinn für Theatralik kann er Papst Alexander VII. von einem Projekt überzeugen, das jeder ökonomischen Vernunft widerspricht, aber dauerhaft zum Wahrzeichen der katholischen Kirche wird: dem Petersplatz. Bis dahin liegt eine unbebaute Fläche vor dem Petersdom, umgeben von einem Wildwuchs der Fassaden. Der Obelisk in der nur ungefähren Mitte gibt dem Platz keinen Halt, im Gegenteil: Seine Größe lässt die Brache noch wüster erscheinen. Bernini veranlasst, die umliegenden Paläste zu kaufen und abzureißen. Dann komponiert er zwei bogenförmige Kolonnadengänge.

In großer Geste umarmen sie jeden Pilger, der auf den Platz tritt. So zeigt sich der Vatikan einladend wie nie zuvor: Selbst wenn nicht gerade eine Messe gefeiert wird, steht der Besucher auf großer Bühne. Auf diesem Platz darf jeder sich auserwählt fühlen, muss sich niemand verloren geben.

»Hätte ich den Himmel nicht erschaffen, allein um deinetwegen würde ich ihn erschaffen«, heißt es in einer Inschrift der Kirche Santa Maria della Vittoria. Das sagt Gott zu Berninis marmorner heiligen Theresa, die, vom Pfeil göttlicher Liebe

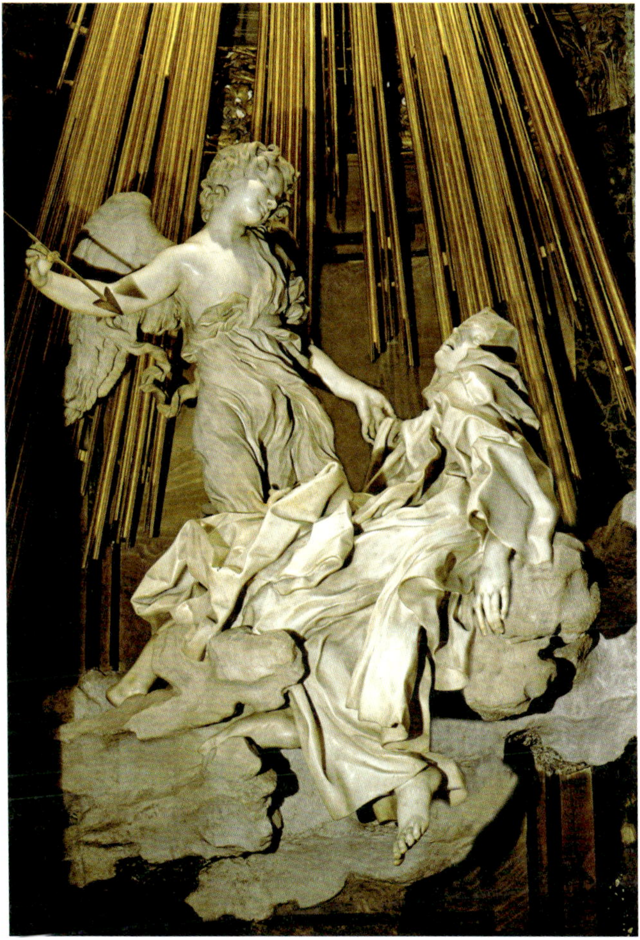

21 Gianlorenzo Bernini: Die Ekstase der hl. Theresa (Detail)
Cornaro-Kapelle Santa Maria della Vittoria (Rom), 1651

getroffen, in Ekstase versinkt (Abb. 21). Goldene Strahlen hinterfangen die Figur. So mag sich auch der Betrachter barocker Kunst fühlen: Als wäre der Himmel eigens für ihn geschaffen worden, nicht erst im Jenseits, sondern im Kirchenraum von Künstlerhand. Dass auch diese Illusion nur ein Spiel ist, verschweigt Bernini seinem Publikum nicht: An die Seitenwände der Kapelle meißelt er Theaterlogen mit aufgeregten Besuchern, die das Schauspiel des Künstlers und seiner Theresa bewundern.

Doch so pompös und selbstbewusst sich der Vatikan in Bauten und Bildern auch darstellt: Das Papsttum ist Mitte des 17. Jahrhunderts nur noch eine Macht unter vielen. Zwar senden etliche Nationen ihre Botschafter und Maler nach Rom, die sich von der Kunst des schönen Scheins anregen lassen. Doch ein Herrscher wie der französische König Ludwig XIV. ist keineswegs gewillt, sich jemand anderem als dem lieben Gott unterzuordnen. Und mag der Papst auch eine religiöse Autorität sein: Er ist in Ludwigs Augen vor allem ein Staatsoberhaupt, das ihm, dem mächtigsten Monarchen des Kontinents, Reverenz erweisen muss.

1662 ufert eine Prügelei zwischen päpstlichen Söldnern und französischen Botschaftsmitarbeitern auf der römischen Piazza Farnese aus, Musketenschüsse treffen den Palast der Franzosen. Für Rom ist das nichts Besonderes, schließlich stürzt jeder Papsttod die Stadt vorübergehend in blutige Anarchie. Der französische König aber droht mit Invasion, sollte der Papst seine Satisfaktionsforderungen nicht erfüllen. Alexander VII. muss daraufhin wichtige Mitarbeiter entlassen, seinen Neffen auf eine demütigende Entschuldigungsreise an den französischen Hof schicken und eine Gedenkpyramide an die Ereignisse in Rom errichten. Und: Er muss seinen Lieblingskünstler Gianlorenzo Bernini nach Paris ziehen lassen.

Frankreich ist das militärisch und ökonomisch stärkste Reich auf dem Kontinent. Es braucht eine Kunst, die seinen Ruhm mehrt und festigt und den König als universalen Herrscher feiert. Ludwig vertraut nur wenigen Männern, denen er aber jeweils viel Verantwortung überträgt. Als Bernini nach Paris reist, hat gerade Jean-Baptiste Colbert, der pragmatische Finanzchef, das Ohr des Königs.

Colbert möchte Bernini den Louvre ausbauen lassen. Der Italiener denkt an eine hochfliegende Inszenierung, der Franzose fragt, ob es genügend Aborte und Abwasserleitungen gibt. Fantasie und Verführungskraft des römischen Barock treffen auf eine neue Bürokratie, die reale Macht verwalten muss – und so scheitert das Projekt.

Immerhin meißelt Bernini während seiner Zeit in Paris eine Büste von Ludwig, die dem Herrscher zwar kaum ähnelt, ihn aber als wild gelockten Souverän zeigt, der visionär nach oben blickt und allen Widersachern die freie Stirn zeigt. Im Gegensatz zu seinem obersten Verwalter Colbert findet Ludwig XIV. Geschmack an unpraktischem Pomp. Bernini öffnet ihm möglicherweise die Augen dafür, wie hilfreich künstlerisch ambitionierte Pracht für das eigene Image sein kann – im Gegensatz zum rein materiellen Wohlstand, mit dem der alte Adel gern protzt.

Ludwig spürt, welch eine Legendenbildung die richtige Kulisse entfalten kann. Schon als jugendlicher Herrscher sagt er über sich: »Es soll niemand sonst auf der Bühne stehen.« Paris aber bietet viel zu viel Ablenkung von seiner Person. Er braucht einen Ort, der ganz auf ihn ausgerichtet ist – und findet ihn in Versailles. Da allerdings steht nur ein kleines Schloss. »Dieses Haus«, stöhnt Colbert, ist »doch wohl mehr für das Vergnügen und die Zerstreuung Eurer Majestät da als für Euren Ruhm.« Warum der König nicht mit dem Palast des Louvre vorliebnehme?

Ludwig, der bei Colberts Absage an Berninis Umbaupläne noch nachgegeben hatte, ignoriert diesmal die Bedenken seines Ministers und auch die Widrigkeiten der Natur – der Boden vor Paris ist sumpfig, es mangelt an Wasser. Ludwigs Faible für alles Theatralische ist größer. Gern tanzt er bei Hofballetten, verkleidet als Perserkönig Kyros oder als sein Vorbild Alexander der Große. Als jungen Eroberer sieht er sich, und der benötigt unverbrauchtes Terrain.

So also wächst das alte Jagdschloss in Versailles in jahrzehntelanger Baustelle zur Hauptbühne der Macht. Oben auf einem Hügel thront das Schloss, ein weiter Hof hält Ankömmlinge auf Distanz, die Gartenanlage ist akkurat und gewaltig. Im Inneren zelebriert eine ausladende Treppe jeden Schritt, den ein Besucher auf dem Weg zum König macht. Dessen Marmorbüste schaut dabei zu. Den Bildnissen wird fast die gleiche Ehrerbietung zuteil wie dem Herrscher selbst: Ein Ludwig-Porträt von Hyacinthe Rigaud, das den gealterten Regenten saloppen Schrittes wie einen Balletttänzer zeigt, ihn aber mit den Insignien der Macht wie Zepter, Krone und Schwert ausstattet, ist bei Reisen sein Stellvertreter im

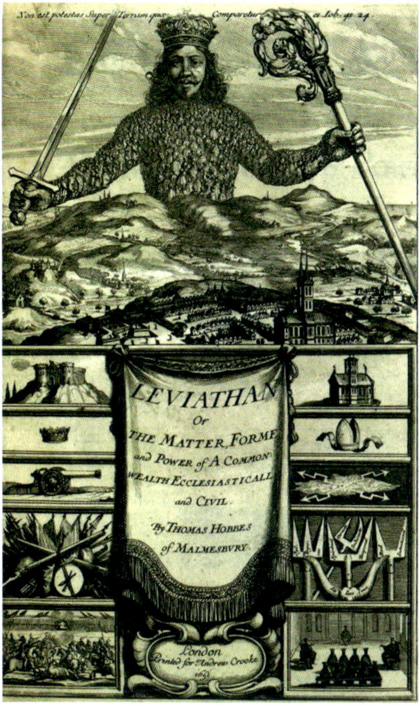

22 Abraham Bosse: Frontispiz »Leviathan or the matter, forme and power of a commonwealth ecclesiasticall and civil« von Thomas Hobbes, 1651

Thronsaal. Niemand darf diesem Gemälde den Rücken zukehren.

Ludwig XIV. steuert die Bildproduktion wie kaum ein Herrscher zuvor. Eine Kunstakademie bildet gezielt Maler aus – aufgenommen wird, wer das beste Königsbild liefert. Erfahrene Künstler erhalten Stipendien. Eine Fabrik für Wandteppiche sorgt für die Verbreitung der Ideen. Immer wieder geht es um Ludwigs Leben und Taten: Medaillen preisen seine Siege und seinen Fleiß, Kupferstiche kopieren diese für ein großes Publikum. Das königliche Perückengesicht erscheint in Bronze, Stein, Wachs, Emaille, in zarten Pastellzeichnungen und auf mächtigen Reiterstandbildern. Provinzstädte von Le Havre bis Marseille müssen Ludwig-Statuen aufstellen. Der Monarch ist in seinem Reich omnipräsent.

1651 veröffentlicht der englische Philosoph Thomas Hobbes seine Theorie des modernen Staates, den »Leviathan«. Auf dem Frontispiz zeigt er am Horizont einer Landschaft einen überdimensionalen König mit Schwert, Zepter und Krone (Abb. 22). Der Leib dieses Königs setzt sich aus vielen kleinen Figuren zusammen, den Untertanen, die sich Herrscher und Staat anvertrauen und sie erst dadurch mächtig machen. Darüber steht ein Satz aus dem Buch Hiob: »Es gibt keine Macht auf Erden, die der seinen vergleichbar wäre.« So dienen die vielen Herrscherbilder der Barockzeit nicht nur der Unterwerfung. Sie beruhigen auch das Volk, das von seinem höchsten Repräsentanten Schutz erwartet. Es heißt, der französische König könne durch Handauflegen sogar Krankheiten heilen.

In Versailles geht es Ludwig und seinem wichtigsten Berater aber um noch mehr. Dieser König soll Geschichte schreiben – als der Herrscher, der so einzigartig ist, dass er über der Geschichte steht.

Der Künstler, dem die Aufgabe zufällt, das zu zeigen, ist Charles Le Brun, ein Maler, der mehrere Jahre in Italien verbracht hat. In den 1660er-Jahren wird er Chef der königlichen Manufaktur für Wandteppiche und Erster Hofmaler. Le Brun malt und zeichnet nicht nur, er entwirft auch Goldschmiedearbeiten, Möbel und Skulpturen, verantwortet also das Design des Hofes im Großen und Kleinen. Die wichtigsten Wand- und Deckengemälde in Versailles stammen von seiner Hand. Ab 1679 malt er die Grande Galerie aus, den Spiegelsaal hinter dem späteren königlichen Schlafzimmer. Ursprünglich plant er ein klassisches Programm mit mythologischen Figuren, wie es in Italien seit der Renaissance üblich ist. Erst denkt er an den Sonnengott Apoll, dann an Herkules als Sieger, mit dem sich ein König leicht identifizieren könnte. Doch Ludwig XIV. weist die Vorschläge zurück. Er möchte sich einmal nicht verkleiden: Um seiner selbst willen soll der Maler ihn würdigen, als den Mann, mit dem sich nicht einmal die alten Griechen messen können. Ludwig will seine eigene, ganz persönliche Wahrheit gemalt sehen. Le Brun versteht: In der Deckenmitte der Grande Galerie zeigt er Ludwigs Entscheidung, nach dem Tod seines Ersten Ministers Jules Mazarin 1661 die Regierungsgeschäfte allein zu übernehmen – und porträtiert den König am Steuer des imaginären Staatsschiffes, Grazien krönen ihn; die Göttin der Weisheit, Minerva, weist den Lenker der Nation auf die Ruhmesgöttin Gloria hin.

In der Renaissance wollten die Menschen in den Olymp aufgenommen werden – jetzt, in Versailles, haben die Olympier dem aktuellen Monarchen zu dienen. Die weiteren Bilder zeigen Ludwig als siegreichen Kriegsherren, als Förderer der Künste und als Garanten öffentlicher Sicherheit und Ordnung. Ein einziger Mensch entscheidet über Schicksale und das Weltgeschehen. Die Götter und Sterne haben nichts mehr zu sagen.

Ein Künstler aber konnte sich schon unter Ludwigs Vorgänger nicht mit der machtgewissen Weltsicht der Bourbonen abfinden: Nicolas Poussin. Der Maler hält es am Pariser Hof Ludwigs XIII. nicht lange aus; lieber zieht er durch seine Wahlheimat Rom oder malt kleine Kabinettstücke für französische Sammler mit humanistischer Bildung. Seine antiken Götter strafen die Menschen nicht, sie leben mit ihnen in natürlicher Ordnung. Liebe und Tod gehören zum Dasein, und Frieden ist in der Malerei machbar: als das Glück von Schäfern und Nymphen in unzerstörten Landschaften.

Nicht einmal der Sonnengott Apoll ist bei Poussin jener strahlende Gewinner, als der sich der Sonnenkönig gern sieht. Er bleibt ein Naturwesen, dem auch mal ein Pfeil aus dem Köcher gestohlen wird. Einer, der lebt und leben lässt. Poussin rettet die Träume der Renaissance vom harmonischen Leben in eine Zeit, der Demut fremd geworden ist. Er beharrt darauf, dass der schöne Schein glorioser Inszenierungen nicht alles ist. Seine Kunst will nicht überwältigen, sie will den Menschen zu sich selbst führen.

So kann die Barockzeit also auch sein: skeptisch, vernünftig, maßvoll. Versonnen wie bei Poussin. Karg wie bei Caravaggio und Velázquez. Oder zugleich durchdacht und überbordend wie bei dem Verehrer jener beiden Vorreiter aus Italien und Spanien: Peter Paul Rubens. Der flämische Künstler hat Caravaggios »Medusa« kopiert und dem Herzog von Mantua geraten, den »Marientod« des Skandalmalers anzukaufen. Im September 1628 besucht Rubens den spanischen Hof und lobt Velázquez' Kunst. Rubens ist Hofmaler bei Isabella, der Tante Philipps IV., die in Brüssel als Statthalterin des Königs die

Spanischen Niederlande regiert. Isabella verfolgt seit Jahren eine moderatere Politik als die Krone. 1609 haben sie und ihr Mann gegen Madrider Widerstand einen Waffenstillstand mit den aufständischen Protestanten in den nördlichen Gebieten der Niederlande geschlossen.

Der aber ist 1621 ausgelaufen, und das ist der Grund für die Madridreise von Rubens: Der Maler aus dem katholischen Teil der Niederlande will den König überzeugen, ihn mit Friedensgesprächen zu betrauen. Rubens ist zu diesem Zeitpunkt bereits europaweit bekannt, er arbeitet für Höfe von Italien bis Frankreich und ist vier Jahre zuvor in den spanischen Adelsstand erhoben worden. Nun will er seinen guten Ruf nutzen, um die calvinistischen Rebellen mit Madrid zu versöhnen. »Jetzt ist es Zeit, alle Anstrengungen eines Patrioten zum allgemeinen Wohl einzusetzen«, schreibt er 1625.

Den Madrider Habsburgern traut er wirksame Friedensbemühungen kaum zu. Einmal spricht er von der »tyrannischen Maxime« der Spanier, der zufolge »die Freunde untergehen können, wenn nur die Feinde dadurch geschädigt werden«. Philipp IV. schickt den Maler tatsächlich als Diplomaten nach England, dem Verbündeten der niederländischen Protestanten. Und Rubens gelingt es, den englischen König Karl I. zu einem Friedensschluss mit Spanien zu bewegen. Doch das nützt nichts, denn die calvinistischen Rebellen in den Niederlanden geben nun nicht nach. Und so setzt Rubens den Kampf für Frieden mit Mitteln der Malerei fort.

In seiner Kunst beherrscht er alle Stile: Er weiß, wie er Kaufleute erreicht und Könige, malt große öffentlich sicht-

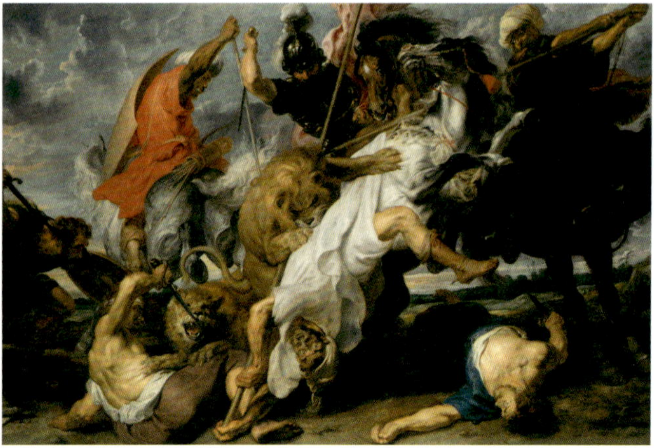

23 Peter Paul Rubens mit Jan Wildens: Löwenjagd, Alte Pinakothek (München), 1621

bare Schaustücke und intime private Szenen. Seine mythologischen und religiösen Gemälde für die Höfe sind voller politischer Anspielungen. Vor allem aber versucht Rubens immer wieder, den Frieden herbeizumalen – etwa, wenn er mitten im Dreißigjährigen Krieg eine Allegorie entwirft, in der ein Panther sich mit Trauben als Mahlzeit begnügt. Doch wenige Jahre später mag nicht einmal Rubens mehr hoffen. In seinem Gemälde »Die Folgen des Krieges« missachtet der Waffengott Mars die Venus und geht über Leichen.

Der welterfahrene Rubens ist kein Poussin, der sich arkadischen Träumen einer besseren Welt hingibt. Er stellt sich der Realität seiner Zeit – und gewinnt, frei nach Caravaggio und Velázquez, noch dem Grauen eine Dynamik ab. In der gemeinsam mit dem flämischen Künstler Jan Wildens gemalten »Löwenjagd« schickt ein hochgestellter Jäger seine Diener vor, wie es damals üblich ist (Abb. 23). Einer fällt kopfüber vom Pferd, der Löwe krallt ihm seine Pranke in den Bauch und beißt sich fest. Rubens zeigt den Mann im Moment des Sturzes, die Hüfte schon im Maul des Löwen. Todesangst liegt in seinen Zügen, der Kampf ist noch nicht entschieden, als der Jagdherr zum finalen Stoß auf das Tier ansetzt. Pferde werden im Galopp gebremst, Lanzen quer durch die Bildfläche gerammt, Arme und Beine in alle Richtungen gereckt. Der Betrachter kann sich mitten im Geschehen fühlen, kann fürchten und mitleiden. Der äußere Aufruhr wird zu seinem inneren.

So furios und laut viele Bildfindungen des Flamen sind, so harmonisch und leise kann er malen, wenn er will. Ein Gemälde zeigt den Künstler Hand in Hand mit seiner ersten Gattin (Abb. 24). Ein so zärtliches Ehebild ist bis dahin nicht gemalt worden. Geheiratet wird in der Feudalgesellschaft in erster Linie nach ökonomischen Erwägungen; auf Malereien repräsentieren Paare gewöhnlich ihren Wohlstand, nicht ihre Liebe. So staunt ein Zeitgenosse vor dem Werk, in dieser Künstlerehe sei offenbar der einzig denkbare Zwist, »wer den anderen an Treue und Hingabe übertreffe«.

Als die Gattin stirbt, sucht der inzwischen geadelte Rubens nach vier Trauerjahren eine Braut aus dem Bürgertum, denn: »Ich fürchtete die bekannte schlechte Eigenschaft des Adels, den Dünkel, besonders beim anderen Geschlecht, und deshalb habe ich lieber ein Weib genommen, das nicht errötet, wenn es mich den Pinsel in die Hand nehmen sieht.«

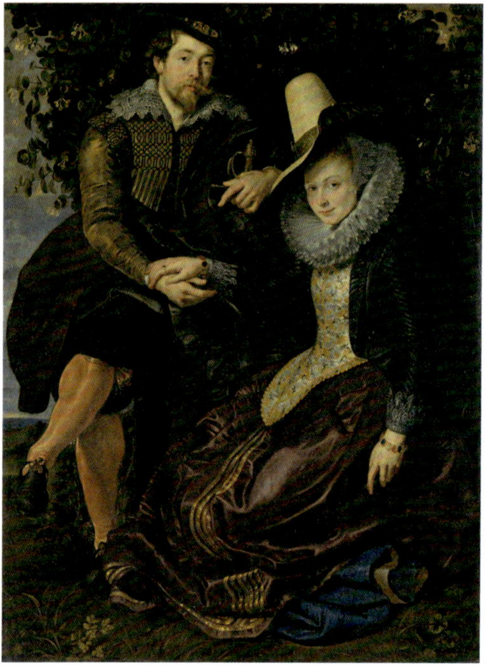

24 Peter Paul Rubens: Rubens und Isabella Brant in der Geißblattlaube, Alte Pinakothek (München), um 1609/10

Bürgerlich aber ist der Großmaler und Diplomat nur als Privatmann. Sein Beruf ist es, die Mächtigen zu bedienen und zugleich ihr Treiben mit distanziertem Blick zu kommentieren. Es geht um Krieg und Religion, Politik, Philosophie und bleibende Wahrheiten, die so schwer wiegen wie Christi Leichnam.

Doch dann, irgendwann, langsam, aber sicher, verblasst der heilige Ernst von Reformation und Gegenreformation in der Kunst. Und im 18. Jahrhundert ist es schließlich so gut wie ganz um ihn geschehen.

Durchgesetzt haben sich die spielerische Seite des Barock und das Bewusstsein dafür, dass – wie schon in Berninis heiliger Theresa mit Logengästen, in Caravaggios Bühnenstücken und in Velázquez' höfischen Porträts – auch die größte Kunst eine Kunst der Inszenierung ist. Wenn jeder Fürst sich sein Versailles baut, kann jeder nur so tun, als sei er der Wichtigste. Der Gast staunt für einen Moment. Und reist dann in die Nachbarresidenz, um beim nächsten kleinen Ludwig weiterzufeiern.

In den deutschen Landen entstehen immer mehr Barockpaläste und römisch inspirierte Ordenskirchen, als um 1700 die Folgen des Dreißigjährigen Krieges endlich verkraftet sind. In Wien residiert der glanzvolle Hof der Habsburger. Zwar ist das Heilige Römische Reich deutscher Nation, dem der Kaiser vorsteht, nur ein loser Verbund weitgehend unabhängiger Fürstentümer und Städte, doch durch die habsburgischen Besitzungen im südöstlichen Mitteleuropa verfügt der Herrscher über eine starke Hausmacht. Spätestens seit es ihm Ende des 17. Jahrhunderts gelungen ist, die Türken aus Ungarn zu vertreiben und das dortige Königreich in sein Herrschaftsgebiet einzugliedern, zählt er zu den bedeutendsten Monarchen Europas.

Und so nutzen auch die Habsburger die barocke Kunst für die Inszenierung ihrer Macht, messen sich auch die Wiener Bauherren gern an Rom und Versailles. Schon 1688 wendet sich Kaiser Leopold I. an den ehrgeizigen Architekten Johann Bernhard Fischer von Erlach, der Bernini kennt und später eine Weltgeschichte der Baukunst schreiben wird.

Für seinen Kaiser entwirft Fischer von Erlach in Schönbrunn bei Wien das Haus der Häuser, einen Palast, der die wichtigsten Herrschaftsbauten der Welt nachahmen und übertreffen soll. Berninis gescheiterten Plan für den Louvre, die Fassade der Peterskirche, persische Paläste, Versailles: Alles will der Architekt nachbauen, um seinen Herrn als neuen Sonnengott Apoll zu preisen. Das allerdings ist dann doch zu teuer, umgesetzt wird ein deutlich konventionellerer Bau.

Noch prächtiger, noch monumentaler, noch gewiefter – so funktioniert die Kunst im frühen 18. Jahrhundert nicht mehr ohne Weiteres. Im beschaulichen Würzburg herrschen Fürstbischöfe, die sich wie viele andere geistliche Reichsfürsten immer neu behaupten müssen, zumal keine Erblinie ihre Herrschaft absichert. Für den Bau ihrer Residenz ab 1720 engagieren sie Balthasar Neumann, einen noch kaum bekannten Architekten, der sich bislang weniger durch geniale künstlerische Entwürfe als durch handwerkliche Gründlichkeit ausgezeichnet hat. Vielleicht hat sich Neumann gefragt, was der Kerngedanke der Kunst seiner Zeit ist. Und ist zu dem Ergebnis gekommen: Sie will das Publikum bewegen. Der Architekt nimmt dies wörtlich und baut die Residenz um ein enormes Treppenhaus.

Sicher, auch Versailles hat seine Gesandtentreppe. Neumann aber erleichtert die Architektur, indem er immer mehr Mauern öffnet. Aus Wänden macht er Arkaden, warmes Licht flutet den gesamten Raum. Und der ist enorm. Das schwebende Gewölbe über der Treppe soll 19 Meter breit und fast 33 Meter lang werden. Kaum jemand mag glauben, dass es nicht einstürzt, sobald die stützenden Baugerüste weggezogen werden. Der Baumeister, ein ausgebildeter Geschützgießer, dagegen gibt sich siegessicher.

Tatsächlich: Die Decke hält auch ohne Stützen, und sie zeigt sich auf jeder Treppenstufe in neuem Blickwinkel. Der venezianische Maler Giovanni Battista Tiepolo sieht in ihr die schönste Bühne seiner Zeit. Und pinselt auf die Decke darüber eine Welt, die luftiger, freier, lustiger ist als jede andere globale Vision des Barock (Abb. 25). Von Caravaggio und Velázquez hat er sich nur die Inszenierungsgabe abgeschaut, nicht aber das Erdschwere, Dunkle, die Schattenwürfe der Menschen mit dreckigen Füßen und harten Schicksalen.

Der Galileo-Freund Ludovico Cardi, Cigoli genannt, zeigte zu Anfang des barocken Zeitalters in seiner römischen Kuppelmalerei den Blick durch das Teleskop, auf einen astronomischen Mond mit Kratern (siehe Abb. 17). Der Jesuitenmaler Andrea Pozzo wies in Sant'Ignazio dem Betrachter, der an einem fixen Punkt stehen musste, den Weg in einen fantastischen katholischen Himmel (siehe Abb. 18) Tiepolo dagegen belehrt niemanden. Er bringt die Erde in den Himmel.

An seiner Decke finden sich Sklaven und Herren, Pferde, Krokodil und Elefant. Gräser wiegen sich im Wind, ein Äffchen greift einem Straußenvogel ins Gefieder und ein Papagei knabbert am gemalten Stuck. Das Bild ist kein einheitliches Ganzes. Es verändert sich mit jedem Schritt, den der Besucher nach oben oder unten macht. In der Mitte tänzelt der

Sonnengott Apoll als glücklicher Teil eines Kosmos, den Menschen und Tiere aller Erdteile beleben.

Der Fürstbischof von Würzburg, Karl Philipp von Greiffenclau, maßt sich die Weltherrschaft nicht an. Er ist als gerahmter Porträtkopf vertreten, ein Bild im Bild, das die Figuren von Tugend und Ruhm über die Wolken ziehen. Ein Greif, Wappentier des Auftraggebers, schnappt neckisch nach dem gemalten Konterfei. Der Lokalherrscher lässt den gewitzten Tiepolo gewähren und ordnet sich der Malerei unter, ohne die er nicht durch diesen Himmel flöge. Sie ist die eigentliche Herrin. An der Decke ist sie als schöne junge Frau zu sehen, die mit ihrer Palette herbeistürmt, um den letzten Tupfer auf einen Globus zu setzen. Einen anerkennenden Blick wirft Balthasar Neumann der Schwesterkunst zu. Der Baumeister sitzt bei Tiepolo lässig am Bildrand auf dem Kanonenrohr, dessen Schüssen sein Gewölbe standhalten könnte.

Kunst und Architektur sind ein Bündnis eingegangen in dieser Epoche, die am Himmel von Würzburg ihren letzten großen Auftritt feiert. Mit einem Augenzwinkern verabschiedet Tiepolo den Barock.

Götter haben den Menschen Platz gemacht, und bald wird der Himmel sich aufklären. Die Könige werden weichen, die Päpste noch unbedeutender werden und die Maler sich mehr und mehr selbstständig machen – wie zuvor schon das Bürgertum. In den Schlössern und Kirchen werden viele Gemälde des Barock abgehängt und von Revolutionären vernichtet oder in Museen gesammelt werden. Für prächtig inszenierte lichte Himmelswelten wird sich kaum noch jemand interessieren. Dann ist die Kunst auf der Erde angekommen. Und so gelangt sie schließlich wieder dorthin, wo die Schattenmaler Michelangelo Merisi da Caravaggio und Diego Velázquez sie schon vermuteten: im oft dunklen Hier und Jetzt.

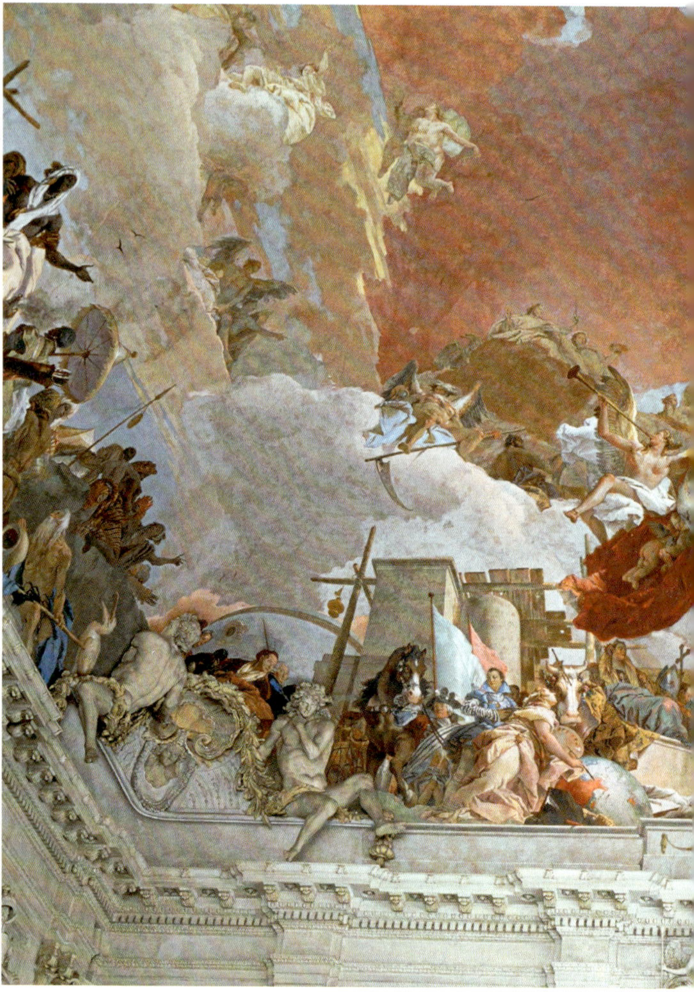

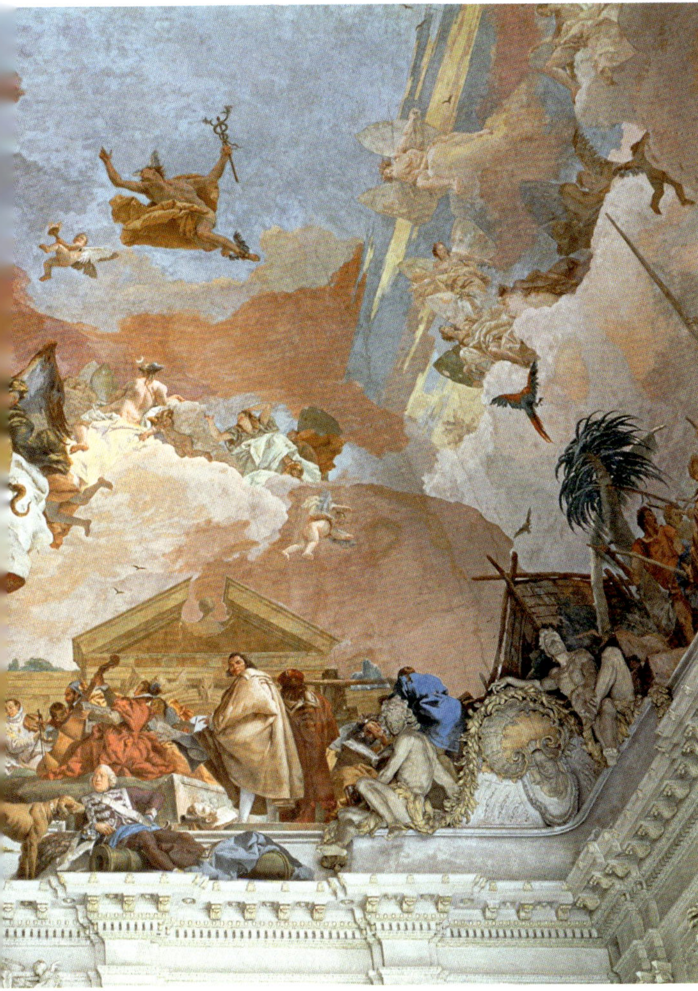

25 Giovanni Battista Tiepolo: Deckengemälde (Ausschnitt), ehem. Fürstbischöfliche Residenz (Würzburg), 1752/53

Literatur (Auswahl)

Alpers, Svetlana: Kunst als Beschreibung. Holländische Malerei des 17. Jahrhunderts, Köln 1985

Alpers, Svetlana und Michael Baxandall: Tiepolo and the Pictorial Intelligence, New Haven/London 1994

Bätzer, Nike (Hg.): Die Aktualität des Barock, Berlin 2014

Bauer, Hermann: Barock. Kunst einer Epoche, Berlin 1992

Baumgarten, Jens: Konfession, Bild und Macht, Hamburg u. a. 2004

Benjamin, Walter: Ursprung des deutschen Trauerspiels. In: Ders.: Gesammelte Schriften, 10 Bde. (Bd. 1/1), Frankfurt 1980

Bellori, Giovan Pietro: Das Leben des Michelangelo da Caravaggio, Hg.: Valeska von Rosen, Göttingen 2018

Bellori, Giovan Pietro: Die Idee des Malers, des Bildhauers und des Architekten, Hg.: Elisabeth Oy-Marra, Göttingen 2018

Bikker, Jonathan: Rembrandt. Biography of a Rebel, Amsterdam 2019

Bredekamp, Horst: Galileis denkende Hand. Form und Forschung um 1600, Volume IV, Berlin 2015

Bredekamp, Horst: Thomas Hobbes' visuelle Strategien. Der Leviathan: Das Urbild des modernen Staates, Berlin 1999

Brown, Jonathan/John Huxtable Elliott: A Palace for a King. The Buen Retiro and the Court of Philipp IV., New Haven 1980

Büttner, Nils: Vermeer, München 2010

Burckhardt, Jakob: Die Kultur der Renaissance in Italien, Leipzig 1928 (Erstausgabe 1860)

Ebert, Bernd und Liesbeth M. Helmus: Utrecht, Caravaggio und Europa, München 2018

Ebert-Schifferer, Sybille: Caravaggio, München 2021

Ebert-Schifferer, Sybille: Caravaggio, München 2009
Erben, Dietrich: Die Kunst des Barock, München 2008
Flemming, Victoria von/Alma-Elisa Kittner (Hg.): Barock – modern?, Köln 2010
Flemming, Victoria von/Alma-Elisa Kittner (Hg.): Barock – Moderne – Postmoderne: ungeklärte Beziehungen, Wiesbaden 2014
Flemming, Victoria von: Der Sieg der Knaben oder von freiwilliger und unfreiwilliger Knechtschaft. Michelangelo, Caravaggio, Guido Reni und ein stummer Streit der Bilder, in: Männlichkeit im Blick. Visuelle Inszenierungen in der Kunst seit der Frühen Neuzeit, Köln 2004, S. 99-120
Fried, Michael: The Moment of Caravaggio, Washington 2010
Haag, Sabine (Hg.): Velázquez, München 2014
Haskell, Francis: Maler und Auftraggeber. Kunst und Gesellschaft im italienischen Barock, Köln 1993
Hecht, Christian: Katholische Bildertheologie im Zeitalter von Gegenreformation und Barock, Berlin 1997
Imorde, Joseph u. a. (Hg.): Barocke Inszenierung, Emsdetten 1999
Lindemann, Bernd Wolfgang: Bilder vom Himmel. Studien zur Deckenmalerei des 17. und 18. Jahrhunderts, Hemsbach 1994
López-Rey, José: Velázquez. Maler der Maler, Köln 1996
Macioce, Stefania: Michelangelo Merisi da Caravaggio. Documenti, fonti e inventari 1513-1875, Rom 2010
Pope-Henessy, John: High Renaissance and Baroque Sculpture, New Haven / London 1996
Rosen, Valeska von: Caravaggio und die Grenzen des Darstellbaren. Ambiguität, Ironie und Performativität in der Malerei um 1600, Berlin 2009
Schütze, Sebastian: Caravaggio. Das vollständige Werk, Köln 2009
Suthor, Nicola: Bravura. Virtuosität und Mutwilligkeit in der Malerei der Frühen Neuzeit, München 2010

Stiegemann, Christoph (Hg.): Peter Paul Rubens und der Barock im Norden, Petersberg 2020

Stoichita, V. I.: Das selbstbewusste Bild. Vom Ursprung der Metamalerei, München 1998

Tauber, Christine: Manierismus und Herrschaftspraxis. Die Kunst der Politik und die Kunstpolitik am Hof von François Ier, Berlin 2009

Warnke, Martin: Hofkünstler, Köln 1996

Warnke, Martin: Künstlerlegenden. Kritische Ansichten, Göttingen 2019

Warnke, Martin: Velázquez, Köln 2005

Wölfflin, Heinrich: Renaissance und Barock. Eine Untersuchung über Wesen und Entstehung des Barockstils in Italien, München 1888

Wright, Christopher: Rembrandt, München 2000

Dem vorliegenden Band liegen teilweise Texte von Kia Vahland aus »Geo Epoche« zugrunde, die für die Insel-Bücherei aktualisiert und bearbeitet wurden.

Bildnachweis

akg-images: Abb. 25 (De Agostini Picture Library); 21 (Erich Lessing); 20 (Mel Longhurst); 15 (MPortfolio/Electa); 1 (Rabatti & Domingie)

bpk, Berlin: 23, 24 (Bayerische Staatsgemäldesammlungen); 13 (DeAgostini/New Picture Library/G. Dagli Orti); 6 (Gemäldegalerie, SMB/Jörg P. Anders); 7 (RMN – Grand Palais/Mathieu Rabeau); 5, 18 (Scala); 4 (Scala, courtesy of the Ministero Beni e Att. Culturali)

Bridgeman Images, Berlin: 2, 14; 16 (Stefano Bianchetti); 10 (Historic England)

British Library, London: 22

Metropolitan Museum of Art, New York: 11

Rijksmuseum, Amsterdam: 19

Alle weiteren Abbildungen stammen aus dem Archiv des Insel Verlags.

2. Auflage 2021 © Insel Verlag Berlin 2021. Alle Rechte vorbehalten, insbesondere das des öffentlichen Vortrags sowie der Übertragung durch Rundfunk und Fernsehen, auch einzelner Teile. Kein Teil des Werkes darf in irgendeiner Form (durch Fotografie, Mikrofilm oder andere Verfahren) ohne schriftliche Genehmigung des Verlages reproduziert oder unter Verwendung elektronischer Systeme verarbeitet, vervielfältigt oder verbreitet werden. Bezugspapier: Las Meninas (»Die Hoffräulein«) oder die Familie Philipps IV., Museo del Prado (Madrid), 1656, Foto: Stefano Bianchetti/Bridgeman Images, Berlin. Gesetzt in der Schrift Adobe Garamond Pro. Gedruckt auf holzfreies, alterungsbeständiges mattgestrichenes Papier der Firma Papier Union, Hamburg, von der Memminger MedienCentrum AG. Gebunden in Fadenheftung von der Josef Spinner Großbuchbinderei GmbH, Ottersweier. Printed in Germany. Erste Auflage 2021. ISBN 978-3-458-19506-1